轻松玩转数独

蓝天 著

北京大学出版社
PEKING UNIVERSITY PRESS

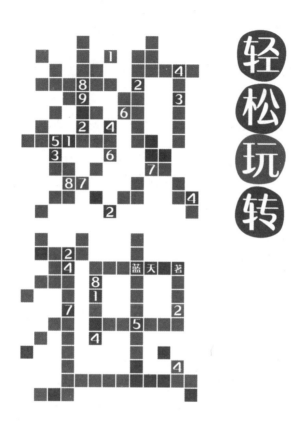

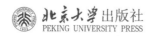

内 容 提 要

数独是一种以数字为载体的益智游戏,规则简单、方便易学,现在已经成为国内流行的智力游戏,在很多地区都有相应的活动和赛事。尤其是在中小学学生中,更是风靡多时。

本书从最简单的四宫数独开始讲解,零基础的人也可以轻松上手,体验解题的快乐与成就感。本书按难度级别由低到高,分别对四宫数独、六宫数独和九宫数独的概念和解题技巧做了系统的讲解,读者可以快速了解并掌握解数独题目必备的知识点。书中配套的针对性的练习题是一大亮点,不仅可以让读者学以致用,巩固学到的技巧,而且为数独爱好者休闲娱乐提供了优质题库。

本书适合各年龄段数独初学者学习训练,也适合中小学生备赛集训。

图书在版编目(CIP)数据

轻松玩转数独 / 蓝天著. —北京:北京大学出版社,2021.6
ISBN 978-7-301-32192-8

Ⅰ.①轻… Ⅱ.①蓝… Ⅲ.①智力游戏 Ⅳ.①G898.2

中国版本图书馆CIP数据核字(2021)第094718号

书　　　名	轻松玩转数独 QINGSONG WANZHUAN SHUDU	
著作责任者	蓝　天　著	
责 任 编 辑	张云静　刘沈君	
标 准 书 号	ISBN 978-7-301-32192-8	
出 版 发 行	北京大学出版社	
地　　　址	北京市海淀区成府路205号　100871	
网　　　址	http://www.pup.cn　　新浪微博:@北京大学出版社	
电 子 信 箱	pup7@pup.cn	
电　　　话	邮购部 010-62752015　发行部 010-62750672　编辑部 010-62570390	
印 刷 者	三河市博文印刷有限公司	
经 销 者	新华书店	
	880毫米×1230毫米　32开本　8.25印张　205千字	
	2021年6月第1版　2021年6月第1次印刷	
印　　　数	1–5000册	
定　　　价	45.00元	

未经许可,不得以任何方式复制或抄袭本书之部分或全部内容。
版权所有,侵权必究
举报电话: 010-62752024　电子信箱: fd@pup.pku.edu.cn
图书如有印装质量问题,请与出版部联系,电话: 010-62756370

前言
INTRODUCTION

数独是一种以数字为载体的益智游戏，规则简单、方便易学，现在已经成为国内流行的智力游戏，在很多地区都有相应的活动和赛事。尤其是在中小学学生中，更是风靡多时。我们经常可以在报刊、手机游戏、解谜环节和智力测评考试等地方见到数独的身影，相信很多人都对数独略知一二。

数独游戏规则简单易懂、操作简便，有一支笔、一张纸就可以沉浸其中，体验智力碰撞带来的脑力风暴。虽然数独爱好者众多，但很多人的水平并不高，只停留在了解技巧和解答简单题目的层面。导致数独平均水平较低的原因主要是，讲解教程鱼龙混杂，题目来源众多但良莠不齐，使不少数独爱好者本是对数独充满兴趣的，但在初学阶段遇到很多误导性的概念和较差的题目，导致没能顺利踏入数独世界的大门。尤其是很多中小学生，本来天资聪颖、勤奋好学，但由于环境受限而没有体验到数独游戏的乐趣，最终也没能掌握数独的推理思维，很是令人惋惜。

本书作为数独爱好者接触并学习数独的优质教辅资料，针对数独初学者，提供了系统性的讲解和针对性的练习，初学者可以轻松上手解题，即刻体验数独的乐趣。书中的题目和技巧进阶科学、合理，每递进一个难度都做到了无缝衔接，可以快速引领学习者进入精彩的数独世界。由于题目难度设计合理，学习者可以保持兴趣和成就感稳步前行。

希望你可以通过本书系统性地学习并掌握数独技巧和思路，并且希望你在解题过程中体验头脑风暴的愉悦感和解出每一道题目的成就感。

目录
CONTENTS

第一章

四宫数独讲解与练习 / 001

四宫数独练习题 / 009

第二章

六宫初级数独讲解与练习 / 024

六宫初级数独练习题 / 034

第三章

六宫数独进阶讲解与练习 / 074

六宫数独进阶练习题 / 083

第四章

九宫初级数独讲解与练习 /123

九宫初级数独练习题 /133

第五章

九宫数独进阶讲解与练习 /163

九宫数独进阶练习题 /172

数独练习题答案 /202

	3		2
1			
			4
2		3	

第一章

四宫数独讲解与练习

一 四宫数独规则介绍

四宫数独的规则是，将数字 1~4 填入空格内，使每行、每列和每宫内的数字均不重复，如图 1-1 所示。

	2		1
			2
2			
4		2	

3	2	4	1
1	4	3	2
2	3	1	4
4	1	2	3

图 1-1　四宫数独例题和答案

在四宫数独中，使用的数字只有 1、2、3、4，我们需要做的就是将题目的空格全部填满，使每一行的数字都是 1、2、3、4，每一列的数字都是 1、2、3、4，每一个宫内的数字也都是 1、2、3、4。

在学习四宫数独的解法前，我们需要先了解四宫数独中常用的元素及这些元素的名称，便于后面理解解题技巧和思路。

二 四宫数独元素介绍

行：横向四格的组合，从上到下分别为 A 行、B 行、C 行和 D 行。

列：纵向四格的组合，从左到右分别为 1 列、2 列、3 列和 4 列。

宫：粗线划分出的由 2×2 格形成的四格组合，从左上到右下分别为一宫、二宫、三宫和四宫，如图 1-2 所示。

格：格的名称由该格所在的行、列位置决定，如 C 行与 2 列交点位置的格子叫 C2 格。

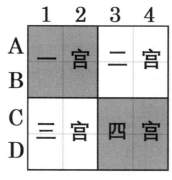

图 1-2 四宫数独的元素

三、四宫数独常用解题技巧

A 宫内排除法

如图 1-3 所示，B2 格有已知数 3，根据数独规则，B 行其他格不能再填数字 3。同理，D4 格中的数字 3 可以排除 4 列其他格填数字 3 的可能。这时二宫内必须出现的数字 3 只能填在 A3 格内。这种利用某个数字针对某宫进行排除，并确定该宫内只有一格可以填入该数的方法称为"宫内排除法"。

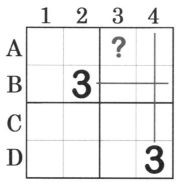

图 1-3 宫内排除法示例

应用实例

如图 1-4 所示,利用 A1 格的数字 1 对二宫进行排除,可以得到 B3 格填数字 1。利用 D4 格的数字 2 对三宫进行排除,可以得到 C2 格填数字 2。当然,本题也可以先观察数字 4 的排除线索,如果使用数字 4 进行排除,可以在哪些格内填数字 4 呢?

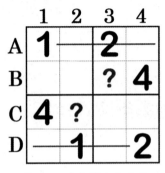

图 1-4　宫内排除法应用

B　行列排除法

如图 1-5 所示,利用 C2 格的数字 4 对 A 行进行排除,可知 A 行内只有 A1 格可以填入数字 4。这种利用某个数字针对某行或某列进行排除,并确定该行或该列内只有一格可以填入该数的方法称为"行列排除法"。

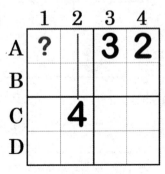

图 1-5　行列排除法示例

应用实例

如图 1-6 所示,利用 A1 格的数字 2 对 D 行进行排除,可得 D 行内只有 D2 格可以填数字 2。利用 D4 格的数字 4 对 A 行进行排除,可得 A 行内只有 A3 格可以填数字 4。当然,本题也可以利用宫内排除法进行开局,由于四宫数独使用宫内排除法与使用行列排除法的观察难度差异不大,因此大家可根据自己的习惯选择自己先看到的线索进行排除填数。

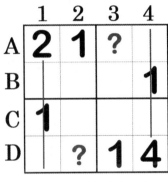

图 1-6 行列排除法应用

四、例题详解

如图 1-7 所示,题目初始有 4 个已知数字,可以先选择数字 1,然后运用宫内排除法开局。

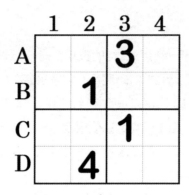

图 1-7　四宫数独例题

如图 1-8 所示，利用 B2 格的数字 1 对二宫进行排除，可得二宫内只有 A4 格填数字 1。利用 C3 格的数字 1 对三宫进行排除，可得三宫内只有 D1 格填数字 1。

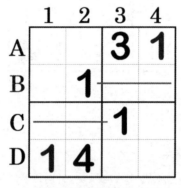

图 1-8　解题步骤 1

观察数字 3 的排除线索，如图 1-9 所示，利用 A3 格的数字 3 对一宫进行排除，可得一宫内只有 B1 格填数字 3。利用 A3 格的数字 3 对 D 行进行排除，可得只有 D4 格填数字 3。再利用刚得到的 B1 格的 3 对三宫进行排除，可得只有 C2 格填数字 3。

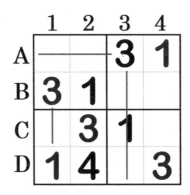

图 1-9　解题步骤 2

观察数字 4 的排除线索，如图 1-10 所示，利用 D2 格的数字 4 对一宫进行排除，可得一宫内只有 A1 格填数字 4。利用 D2 格的数字 4 对四宫进行排除，可得四宫内只有 C4 格填数字 4。然后利用刚得到的 C4 格的数字 4 对二宫进行排除，可得只有 B3 格填数字 4。

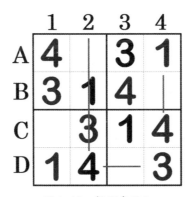

图 1-10　解题步骤 3

将剩下的 4 个空格（A2、B4、C1 和 D3 格）内的数字 2 补齐，便得出了本题的最终答案，如图 1-11 所示。

	1	2	3	4
A	4	2	3	1
B	3	1	4	2
C	2	3	1	4
D	1	4	2	3

图 1-11　例题答案

五　总结

四宫数独盘面小，技巧变化少，绝大多数人在了解了数独的解题规则和排除法的基本概念后，都可以立刻动手解题。四宫数独作为入门题型，如果可以熟练完成，就可以接触六宫数独了。

下面准备了 60 道四宫数独题目供大家练习，以强化大家对排除法的应用，并培养解题感觉。

四宫数独练习题

第 1 题

1			
		1	3
4	1		
			1

难度 ★☆☆☆

第 2 题

1		4	
			3
3			
	4		1

难度 ★☆☆☆

第 3 题

		4	
	2		1
1		2	
	4		

难度 ★☆☆☆

第 4 题

	3		2
1			
			4
2		3	

难度 ★☆☆☆

第 5 题

	2		4
			2
1			
2		4	

难度 ★☆☆☆

第 6 题

	3		
	1		2
1		4	
	2		

难度 ★☆☆☆

第 7 题

			4
4	2		
		4	1
1			

难度 ★☆☆☆

第 8 题

1		4	
		1	
	3		
	1		4

难度 ★☆☆☆

第 9 题

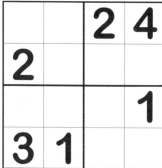

		2	4
2			
			1
3	1		

难度 ★☆☆☆

第 10 题

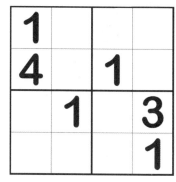

1			
4		1	
	1		3
			1

难度 ★☆☆☆

第 11 题

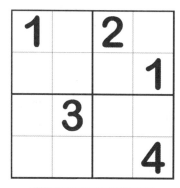

1		2	
			1
	3		
			4

难度 ★☆☆☆

第 12 题

4		2	
			3
3			
	1		

难度 ★☆☆☆

第13题

	2		
		4	
2			1
	1		

难度 ★☆☆☆

第14题

	3		
4			
	1		4
		2	

难度 ★☆☆☆

第15题

	4	2	
2		1	
4	2		

难度 ★☆☆☆

第16题

	3		
4			
			2
3		1	

难度 ★☆☆☆

第一章 四宫数独讲解与练习

第 17 题

	1		3
4			
			4
		2	

难度 ★☆☆☆

第 18 题

1		2	
2			3
		3	2

难度 ★☆☆☆

第 19 题

	1		
4			1
		3	
	4		

难度 ★☆☆☆

第 20 题

4		1	
			3
	2		
			1

难度 ★☆☆☆

第21题

	3	1	
2			
3			
			4

难度 ★☆☆☆

第22题

4		1	
1			4
		4	2

难度 ★☆☆☆

第23题

	3		
4		2	
	4		
			1

难度 ★☆☆☆

第24题

4			
2		1	
			2
	2		

难度 ★☆☆☆

第 25 题

4			
			2
3	4		
			4

难度 ★☆☆☆

第 26 题

2			
1		2	
	2		4

难度 ★☆☆☆

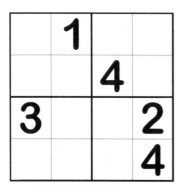

第 27 题

	1		
		4	
3			2
			4

难度 ★☆☆☆

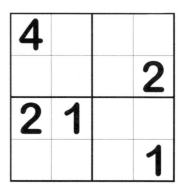

第 28 题

4			
			2
2	1		
			1

难度 ★☆☆☆

第 29 题

4			
3			2
	3		
		3	

难度 ★☆☆☆

第 30 题

		3	
1			
	1		3
			2

难度 ★☆☆☆

第 31 题

			4
	3		
		2	
1			

难度 ★★☆☆

第 32 题

		4	
4			
			2
	3		

难度 ★★☆☆

第 33 题

	2		3
1		2	

难度 ★★☆☆

第 34 题

2			
			1
3			
			4

难度 ★★☆☆

第 35 题

			2
	1		
			3
	2		

难度 ★★☆☆

第 36 题

	4		
		3	
	3		
		2	

难度 ★★☆☆

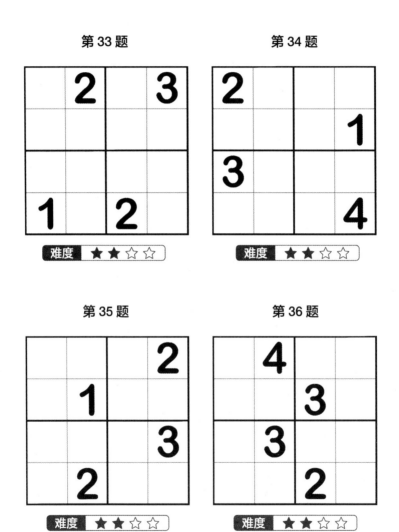

第 37 题

2		3	
	3		1

难度 ★★☆☆

第 38 题

			2
		3	
4			
		4	

难度 ★★☆☆

第 39 题

2			
			1
	2		
		3	

难度 ★★☆☆

第 40 题

4		3	
		2		4

难度 ★★☆☆

第 41 题

		.	2
	2		
3			
		4	

难度 ★★☆☆

第 42 题

		1	
4			
	4		
			3

难度 ★★☆☆

第 43 题

		4	
	1		
			2
3			

难度 ★★☆☆

第 44 题

	3		
			3
		2	
	1		

难度 ★★☆☆

第 45 题

4			
		1	
			2
	3		

难度 ★★☆☆

第 46 题

			1
	3		
			2
3			

难度 ★★☆☆

第 47 题

3			
			4
	1		
		2	

难度 ★★☆☆

第 48 题

			1
3			
		2	
	2		

难度 ★★☆☆

第 49 题

3			
		3	
			2
	4		

难度 ★★☆☆

第 50 题

4			
		4	
			1
	3		

难度 ★★☆☆

第 51 题

	2		
		4	
2			
			3

难度 ★☆☆☆

第 52 题

			1
		4	
			1
2			

难度 ★★☆☆

第 53 题

	3		
			4
		4	
2			

难度 ★★☆☆

第 54 题

1			
			3
	2		
		4	

难度 ★★☆☆

第 55 题

	1		
		1	
4			
			3

难度 ★★☆☆

第 56 题

3		2	
	4		
			1

难度 ★★☆☆

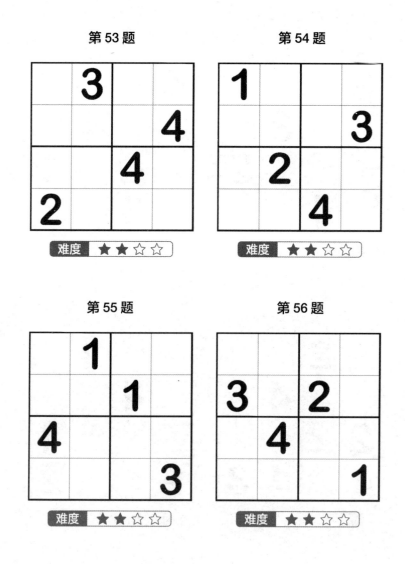

第 57 题

3			
		3	
			1
	4		

难度 ★★☆☆

第 58 题

		3	
4			
	2		
			3

难度 ★★☆☆

第 59 题

4			
			4
	2		
		1	

难度 ★★☆☆

第 60 题

	1		
		4	
3			
			2

难度 ★★☆☆

第二章
六宫初级数独讲解与练习

一 六宫数独规则介绍

六宫数独的规则是，将数字 1~6 填入空格内，使每行、每列和每宫内的数字均不重复，如图 2-1 所示。

		1		3	
				4	1
6		5			
			4		5
1	6				
	2		3		

4	5	1	6	3	2
2	3	6	5	4	1
6	4	5	1	2	3
3	1	2	4	6	5
1	6	3	2	5	4
5	2	4	3	1	6

图 2-1　六宫数独例题和答案

在六宫数独中，使用的数字只有 1、2、3、4、5、6，题目盘面比四宫数独略大一些。我们需要将空格填满，使每行、每列和每宫内的数字 1、2、3、4、5、6 各出现一次。

六宫数独也有它特有的元素及元素名称，在了解解题技巧前我们先来熟悉一下这些元素。

二 六宫数独元素介绍

行：横向六格的组合，从上到下分别为 A 行、B 行、C 行、D 行、E 行和 F 行。

列：纵向六格的组合，从左到右分别为 1 列、2 列、3 列、4 列、5 列和 6 列。

宫：粗线划分出的由 2×3 格形成的六格组合，从左上到右下分别为一宫、二宫、三宫、四宫、五宫和六宫，如图 2-2 所示。

格：格的名称由该格所在的行、列位置决定，如 E 行与 5 列交点位置的格子叫 E5 格。

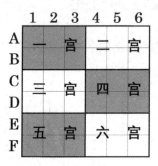

图 2-2 六宫数独的元素

三、六宫数独常用解题技巧

A 单数宫内排除法

如图 2-3 所示，利用 A2 格的数字 3 对二宫进行排除，可得二宫内只有 B4 格可以填数字 3。利用 A2 格的数字 3 还可以对五宫进行排除，可得五宫内只有 F3 格可以填数字 3。由于宫是长方形的，对宫的排除范围在横向与纵向上有所差异，因此六宫数独在使用排除法前需要对宫的范围加深印象。

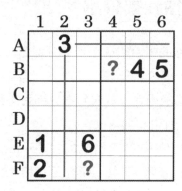

图 2-3 单数宫内排除法示例

应用实例

如图 2-4 所示，利用 D4 格的数字 4 对二宫进行排除，可得二宫内只有 A6 格可以填数字 4。利用 F4 格的数字 1 对五宫进行排除，可得五宫内只有 E3 格可以填数字 1。开局时可以先寻找空格较少的宫，然后在周围寻找可以对这个宫进行排除的数字。

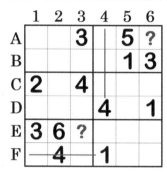

	1	2	3	4	5	6
A			3		5	?
B					1	3
C	2		4			
D				4		1
E	3	6	?			
F		4		1		

图 2-4　单数宫内排除法应用

B　双数宫内排除法

如图 2-5 所示，利用 B1 格和 C2 格两个数字 5 对五宫进行排除，可得五宫内只有 F3 格可以填数字 5。利用 B1 格和 D5 格的两个数字 5 对二宫进行排除，可得二宫内只有 A6 格可以填数字 5。解题前可以观察个数较多的已知数的条件，尽量利用它们横向和纵向的排除效果，对没出现这个数字的宫进行排除。

	1	2	3	4	5	6
A				6		?
B	5					
C		5				
D					5	
E			2			
F			?			

图 2-5　双数宫内排除法示例

应用实例

如图 2-6 所示，利用 B5 格和 D4 格的两个数字 4 对六宫进行排除，可得六宫内只有 E6 格可以填数字 4。利用 A3 格和 F4 格的两个数字 2 对五宫进行排除，可得五宫内只有 E1 格可以填数字 2。利用双数对宫内进行排除的效果比较好，通常开局时或多或少都有这种排除线索，大家需要熟悉这种观察思路。如果运用熟练，则可以顺利开局推进。

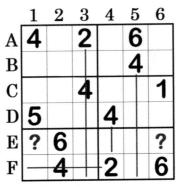

图 2-6 双数宫内排除法应用

❸ 行列排除法

如图 2-7 所示，利用 B4 格的数字 4 对 2 列进行排除，可得 2 列内只有 D2 格可以填入数字 4。利用 B4 格的数字 4 还可以对 6 列进行排除，由于 B4 格可以对所在的二宫其他格进行排除，因此可以得到 6 列内只有 F6 格可以填入数字 4。利用 B4 格的数字 4 对 6 列进行排除的这种行列排除法，不少初学者容易忽视，希望大家可以对这种情况加深理解，有时这种思路对解题可以起到关键性的作用。

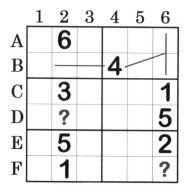

图 2-7 行列排除法示例

应用实例

如图 2-8 所示,利用 C2 格的数字 1 对 3 列进行排除,可得 3 列内只有 A3 格可以填数字 1。利用 C5 格的数字 4 对 4 列进行排除,可得 4 列内只有 F4 格可以填数字 4。在六宫初级数独中必须使用行列排除法的情况较少,比如,在图 2-8 所示的题目中,也可以先对三宫和四宫运用宫内排除法。不过,在使用宫内排除法不容易找到线索时,不妨找一下空格较少的行列里的排除线索。

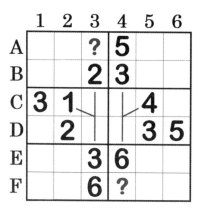

图 2-8 行列排除法应用

四 例题详解

如图 2-9 所示，题目中的初始数字 2 较多，可以先观察数字 2 的排除线索。

```
   1 2 3 4 5 6
A      6   5 3
B  4
C        5 2
D    1 2
E            4
F  2 4   1
```

图 2-9　六宫数独例题

如图 2-10 所示，开局利用 F1 格和 C5 格的两个数字 2 对六宫进行排除，可得六宫内只有 E4 格可以填数字 2。再利用刚得到的 E4 格的数字 2 结合 C5 格的数字 2 对二宫进行排除，可得二宫内只有 B6 格可以填数字 2。继续利用刚得到的 B6 格的数字 2 结合 F1 格的数字 2 对一宫进行排除，可得 A2 格填数字 2。在全部填出数字 2 后，观察数字 1 的排除线索。

图 2-10　解题步骤 1

如图 2-11 所示，利用 D2 格的数字 1 对四宫进行排除，可得 C6 格填数字 1。利用 F4 格的数字 1 对二宫进行排除，可得 B5 格填数字 1。利用刚得到的 B5 格的数字 1 对一宫进行排除，可得 A1 格填数字 1。最后利用 A1 格、D2 格和 F4 格的数字 1 对五宫进行排除，可得 E3 格填数字 1。

	1	2	3	4	5	6
A	1	2	6		5	3
B	4				1	2
C				5	2	1
D		1	2			
E				1	2		4
F	2	4		1		

图 2-11 解题步骤 2

如图 2-12 所示，观察数字 4 的排除线索，可以依次得到二宫、四宫和三宫内的数字 4。此时题目已经解答过半，可以利用填补空格较少的宫的思路继续填数。

	1	2	3	4	5	6
A	1	2	6	4	5	3
B	4				1	2
C				4	5	2	1
D		1	2		4	
E				1	2		4
F	2	4		1		

图 2-12 解题步骤 3

如图 2-13 所示，在完成前述步骤后，先补出二宫最后的空格（B4格）内的数字 6。再用 B4 格的数字 6 对四宫进行排除，得到 D6 格填数字 6 和 D4 格填数字 3。然后补出 6 列最后的空格（F6 格）内的数字 5。此时题目右侧 3 个宫能填的数字全部确定，再观察题目左侧 3 个宫内的线索。

	1	2	3	4	5	6
A	1	2	6	4	5	3
B	4			6	1	2
C			4	5	2	1
D		1	2	3	4	6
E			1	2		4
F	2	4		1		5

图 2-13　解题步骤 4

如图 2-14 所示，先填出 D 行最后一个空格（D1 格）内的数字 5，再利用数字 5 对五宫进行排除，得到 E2 格填数字 5。然后对一宫进行排除，得到 B3 格填数字 5。最后填出题目中剩余的一些空格。

	1	2	3	4	5	6
A	1	2	6	4	5	3
B	4		5	6	1	2
C			4	5	2	1
D	5	1	2	3	4	6
E		5	1	2		4
F	2	4		1		5

图 2-14　解题步骤 5

如图 2-15 所示，先填出 B2 格的数字 3，再利用一宫的数字 3 和 6 对剩余宫内的空格进行排除，最终得到本题的答案。

	1	2	3	4	5	6
A	1	2	6	4	5	3
B	4	3	5	6	1	2
C	3	6	4	5	2	1
D	5	1	2	3	4	6
E	6	5	1	2	3	4
F	2	4	3	1	6	5

图 2-15　例题答案

五、总结

　　六宫初级数独涉及的主要解题方法是宫内排除法。由于宫内排除法使用到的数字个数不同，排除的方向也有些差别，因此需要大家先熟练掌握各种排除法的观察模式。在使用宫内排除法的过程中，还要留意对只剩一个空格的宫或行（列）进行补数，个别情况下还可以考虑使用行列排除法进行卡点突破。若是这些关键点大家都注意到了，相信大家可以很顺利地解答六宫初级数独题目。

　　下面准备了 80 道六宫初级数独题目供大家练习，以训练大家从各种角度应用宫内排除法。

六宫初级数独练习题

第 61 题

5		3		4	
2					6
				6	1
	5	6			
3					4
	4		1		2

难度 ★☆☆☆

第 62 题

		5		4	
				5	3
3		6	4		
			1	2		6
2	1				
	5		3		

难度 ★☆☆☆

第 63 题

4		6			
3			4	2	
	6				1
1				5	
	1	4			2
			1		4

难度 ★☆☆☆

第 64 题

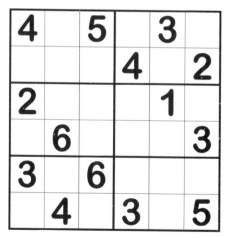

4		5		3	
			4		2
2				1	
	6				3
3		6			
	4		3		5

难度 ★☆☆☆

第 65 题

1	6		2		
2			6		
				3	1
4	3				
		2			4
		5		6	2

难度 ★☆☆☆

第 66 题

		3	4		
6			2		
			3	6	5
3	6	5			
		3			2
		2	6		

难度 ★☆☆☆

第 67 题

	6		3		
3		2			
	2		5		6
6		5		2	
			2		1
		1		4	

难度 ★☆☆☆

第 68 题

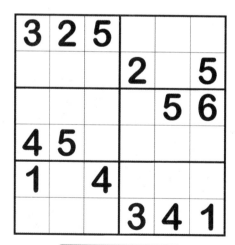

3	2	5			
			2		5
				5	6
4	5				
1		4			
			3	4	1

难度 ★☆☆☆

第69题

			3	6	
3		2		5	
			2		6
6		1			
	3		6		1
	4	6			

难度 ★☆☆☆

第70题

6				2	
			6	3	5
			3	5	
	5	3			
5	2	4			
		6			2

难度 ★☆☆☆

第 71 题

5		1			
				5	3
1		2		5	
	5		2		6
	4	6			
				3	4

难度 ★☆☆☆

第 72 题

	5		3		1
3	1				
				2	4
1		4			
				6	2
2		1		4	

难度 ★☆☆☆

第 73 题

	1		2		5
5			3		
				5	3
4	5				
		5			2
6		2		3	

难度 ★☆☆☆

第 74 题

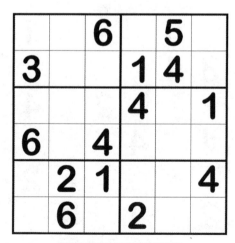

		6		5	
3			1	4	
			4		1
6		4			
	2	1			4
	6		2		

难度 ★☆☆☆

第 75 题

		3	5		
	4			1	
3			2		5
4		2			6
	3			5	
		6	4		

难度 ★☆☆☆

第 76 题

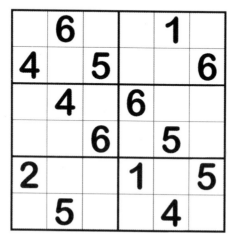

	6			1	
4		5			6
	4		6		
		6		5	
2			1		5
	5			4	

难度 ★☆☆☆

第 77 题

4		3		5	
6			4		
	5				1
1				4	
		1			5
	6		1		4

难度 ★☆☆☆

第 78 题

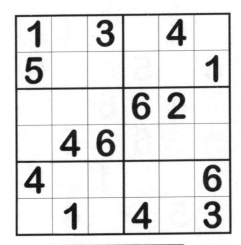

1		3		4	
5					1
			6	2	
	4	6			
4					6
	1		4		3

难度 ★☆☆☆

第 79 题

			2		3
	1	2			
			4	6	1
4	6	1			
			3	5	
5		3			

难度 ★☆☆☆

第 80 题

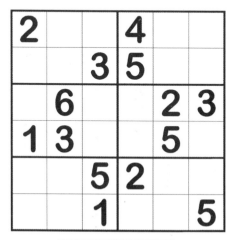

2			4		
		3	5		
	6			2	3
1	3			5	
		5	2		
		1			5

难度 ★☆☆☆

第 81 题

5		3		4	
2					6
			6	1	
	5	6			
3					4
	4		1		2

难度 ★☆☆☆

第 82 题

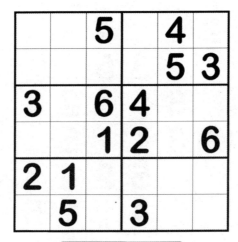

		5		4	
				5	3
3		6	4		
		1	2		6
2	1				
	5		3		

难度 ★☆☆☆

第 83 题

6					
3			5		1
	3		6	1	
	6	2		3	
2		6			4
					6

难度 ★☆☆☆

第 84 题

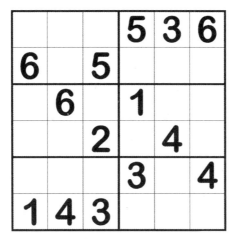

			5	3	6
6		5			
	6		1		
		2		4	
			3		4
1	4	3			

难度 ★☆☆☆

第 85 题

1		3		2	
6					4
			2	4	
	2	4			
4					2
	1		4		6

难度 ★☆☆☆

第 86 题

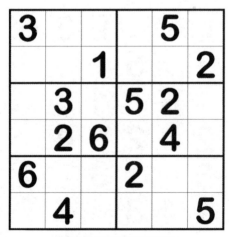

3				5	
		1			2
	3		5	2	
	2	6		4	
6			2		
	4				5

难度 ★☆☆☆

第87题

1	6	2			
				2	6
		4			2
6			3		
	5	3			
			5	3	4

难度 ★☆☆☆

第88题

4		2	3		
			4		1
				6	3
2	3				
6		5			
	2		6		5

难度 ★☆☆☆

第89题

			2	5	
2		1		3	
6				1	
	1				2
	3		5		6
	2	6			

难度 ★☆☆☆

第90题

1		6			
2				1	
			4	5	1
4	1	5			
	3				5
			6		3

难度 ★☆☆☆

第 91 题

5		3		4	
2					6
			6	1	
	5	6			
3					4
	4		1		2

难度 ★☆☆☆

第 92 题

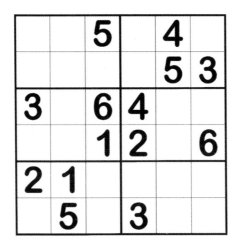

		5		4	
				5	3
3		6	4		
		1	2		6
2	1				
	5		3		

难度 ★☆☆☆

第 93 题

6	4	1			
			1		4
			3	4	
	5	3			
2		5			
			5	1	2

难度 ★☆☆☆

第 94 题

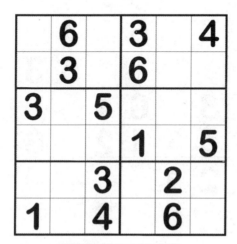

	6		3		4
	3		6		
3		5			
			1		5
		3		2	
1		4		6	

难度 ★☆☆☆

第 95 题

	4	5			
	3			5	
6		3			5
5			3		6
	5			3	
			5	1	

难度 ★☆☆☆

第 96 题

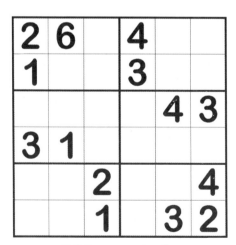

2	6		4		
1			3		
				4	3
3	1				
		2			4
		1		3	2

难度 ★☆☆☆

第97题

	4		5		6
5				2	
			2		1
2		4			
	5				2
4		3		6	

难度 ★☆☆☆

第98题

			5		
	5	1		2	
3			4		5
1		5			6
	6		1	5	
		2			

难度 ★☆☆☆

第二章 六宫初级数独讲解与练习

第 99 题

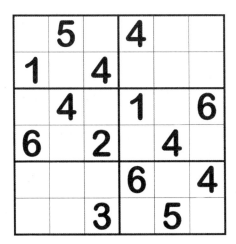

	5		4		
1		4			
	4		1		6
6		2		4	
			6		4
		3		5	

难度 ★☆☆☆

第 100 题

	5				3
	3		4		1
3		1			
			1		2
6		2		1	
5				6	

难度 ★☆☆☆

第 101 题

		4		5	
3			6		
	5				6
6				2	
		2			4
	1		5		

难度 ★★☆☆

第 102 题

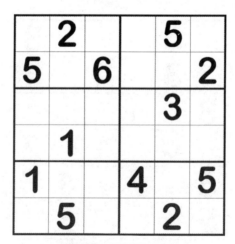

	2			5	
5		6			2
				3	
	1				
1			4		5
	5			2	

难度 ★★☆☆

第103题

	3	4			
6		5			
				3	4
4	6				
		1			6
		6		2	

难度 ★★☆☆

第104题

	3		5		
5			4		1
			2		
	6				
1		3			2
	5			1	

难度 ★★☆☆

第105题

				3	1
1	6				
			1		4
6		1			
				5	3
2	3				

难度 ★★☆☆

第106题

1		6		4	
			6		
				5	3
3	5				
		2			
	4		5		1

难度 ★★☆☆

第 107 题

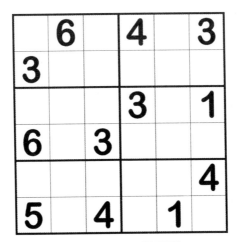

	6		4		3
3					
			3		1
6		3			
					4
5		4		1	

难度 ★★☆☆

第 108 题

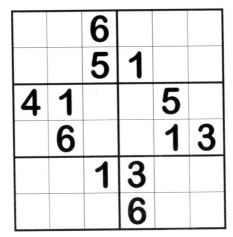

		6			
		5	1		
4	1			5	
	6			1	3
		1	3		
			6		

难度 ★★☆☆

第109题

2				3	
				4	5
		5	1		
		6	4		
6	4				
	1				4

难度 ★★☆☆

第110题

2		6			
				5	2
4		2			
				4		2
	3	5			
				1		5

难度 ★★☆☆

第 111 题

5		3			
			3	2	
	1				6
3				4	
	6	2			
			1		2

难度 ★★☆☆

第 112 题

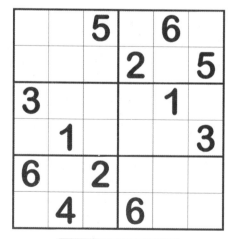

		5		6	
			2		5
3				1	
	1				3
6		2			
	4		6		

难度 ★★☆☆

第 113 题

5		3		2	
					1
			6		5
1		6			
2					
	4		2		3

难度 ★★☆☆

第 114 题

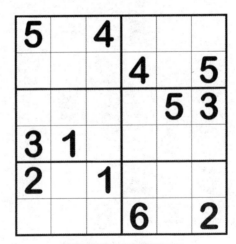

5		4			
			4		5
				5	3
3	1				
2		1			
			6		2

难度 ★★☆☆

第 115 题

	1		2		
	5			3	1
4					
					5
6	3			1	
		1		6	

难度 ★★☆☆

第 116 题

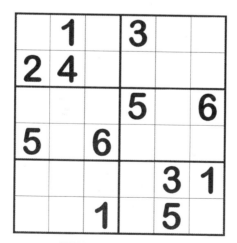

	1		3		
2	4				
			5		6
5		6			
				3	1
		1		5	

难度 ★★☆☆

第117题

		3	4		
1					5
	5			4	
	3			1	
6					3
		5	1		

难度 ★★☆☆

第118题

			6		
		3	4		
2	1			4	
	4			6	1
		2	5		
		4			

难度 ★★☆☆

第119题

		1		3	
				6	2
1			2		
		2			3
4	6				
		1		5	

难度 ★★☆☆

第120题

		1	6	3	
				4	
				1	6
1			6		
			4		
			1	2	3

难度 ★★☆☆

第121题

3	4				
				5	
4		6			3
1			4		2
	3				
				3	1

难度 ★★☆☆

第122题

	2		5		
			2		3
1	3				
				2	1
5			1		
			3		4

难度 ★★☆☆

第 123 题

4					
	2	1			
	5		6	1	
	3	6		5	
		1	2		
					1

难度 ★★☆☆

第 124 题

1	6				
			3		6
	1	5			
			5	2	
4		6			
				4	5

难度 ★★☆☆

第 125 题

			2	5	
2					
1		4	6		
		2	5		4
					6
	6	3			

难度 ★★☆☆

第 126 题

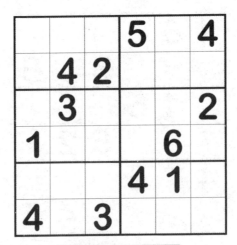

			5		4
	4	2			
	3				2
1				6	
			4	1	
4		3			

难度 ★★☆☆

第 127 题

	4		3		2
	5				
5					1
6					5
				2	
3		2		1	

难度 ★★☆☆

第 128 题

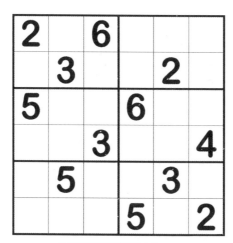

2		6			
	3			2	
5			6		
		3			4
	5			3	
			5		2

难度 ★★☆☆

第129题

			1		2
	6	1			
				4	5
6	4				
			5	3	
1		3			

难度 ★★☆☆

第130题

	5				
2	6		5		
		2		6	
	3		1		
			1	3	2
				5	

难度 ★★☆☆

第131题

			3	2	
3			4		
6	2				
				6	1
		6			4
	4	5			

难度 ★★☆☆

第132题

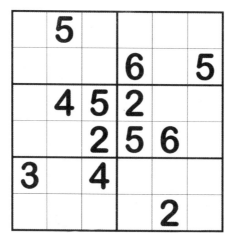

	5				
			6		5
	4	5	2		
		2	5	6	
3		4			
				2	

难度 ★★☆☆

第133题

	5			2	
		6	5		
5					1
6					5
		1	4		
	3			6	

难度 ★★☆☆

第134题

	5		2		
	4			1	3
2					
					1
5	2			4	
		6		5	

难度 ★★☆☆

第 135 题

			1		6
		2		3	
				6	4
2	6				
	3		5		
4		5			

难度 ★★☆☆

第 136 题

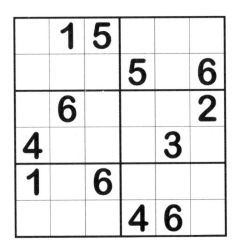

	1	5			
			5		6
	6				2
4				3	
1		6			
			4	6	

难度 ★★☆☆

第 137 题

	2		4		
4					2
	5	4			
			3	4	
5					1
		1		6	

难度 ★★☆☆

第 138 题

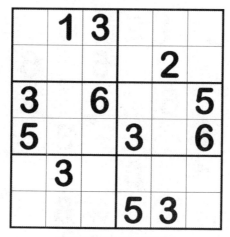

	1	3			
				2	
3		6			5
5			3		6
	3				
			5	3	

难度 ★★☆☆

第 139 题

2				3	
			2	1	
5		6			
			5		6
	3	5			
	2				1

难度 ★★☆☆

第 140 题

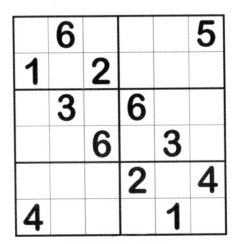

	6				5
1		2			
	3		6		
		6		3	
			2		4
4				1	

难度 ★★☆☆

第三章

六宫数独进阶讲解与练习

一 六宫数独进阶解题技巧

A 区块排除法

如图 3-1 所示,利用 A3 格的数字 2 对五宫进行排除,可得五宫内的数字 2 可能在 F1 格内,也可能在 F2 格内。无论五宫的数字 2 出现在上述两格的哪格中,都可以利用该结构对六宫进行排除,再结合 C5 格的数字 2 对六宫进行排除,可以得到 E6 格填数字 2。这种某宫内并排两格必然含有某数的结构称为"区块",在已知数较少的题目中经常会利用区块线索对某宫进行排除,这种方法被称为区块排除法。

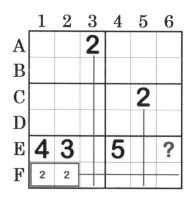

图 3-1 区块排除法示例

应用实例

如图 3-2 所示,利用 D1 格的数字 2 对五宫进行排除,在五宫形成含 2 的区块。然后利用该区块结合 A5 格和 C4 格的数字 2 对六宫进行排除,得到 F6 格填数字 2。

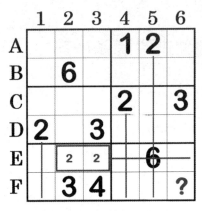

图 3-2 区块排除法应用

ⓑ 唯余法

如图 3-3 所示，B 行内有已知数 1、2、4，4 列内有已知数 3 和 5，根据数独规则可知，B4 格不能填入上述 5 种数字，那么该格内便只能填入未出现的第 6 种数字，即数字 6。这种填入某格内唯一剩余数字的方法称为"唯余法"，通常在运用排除法没有线索时可以考虑唯余法的思路。

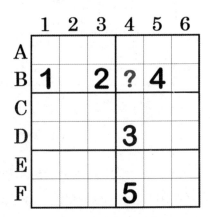

图 3-3 唯余法示例

应用实例

如图 3-4 所示，A 行有已知数 2，4 列内有已知数 1、4，二宫内有已知数 5 和 6。这时可以利用上述 5 个数字同时对 A4 格进行排除，得到 A4 格内只能填入唯一的数字 3。

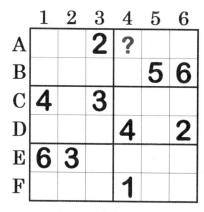

	1	2	3	4	5	6
A			2	?		
B					5	6
C	4		3			
D				4		2
E	6	3				
F				1		

图 3-4　唯余法应用

C　数对占位法

如图 3-5 所示，利用 2 列内的数字 2 和 6 对三宫进行排除，数字 2 和 6 在三宫内只能被填在 D1 格和 D3 格，这样在三宫内上述两格就不能再填入其他数字。这种某两个数字只能出现在某两个格的思路被称为“数对占位法”。由于 D1 和 D3 格不能填入其他数字，此时利用 C5 格的数字 4 对三宫进行排除，得到 D2 格填数字 4。

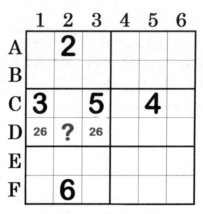

	1	2	3	4	5	6
A		2				
B						
C	3		5		4	
D	26	?	26			
E						
F		6				

图 3-5　数对占位法示例

应用实例

如图 3-6 所示，利用 2 列内的数字 1 和 2 对三宫进行排除，可得三宫内的 1、2 数对占据 C1 和 D3 两格。形成数对占位后其他数字不能再填入这两格内，再利用 D4 格的数字 5 对三宫进行排除，得到 C2 格填数字 5。在单一数字排除没有有效线索时，可以尝试利用两个数字同时进行排除，在开局时可能会找到占位线索，随后可以再结合排除法推理出确定的数字。

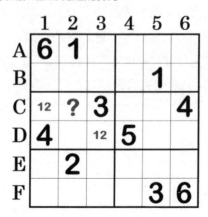

	1	2	3	4	5	6
A	6	1				
B					1	
C	12	?	3			4
D	4		12	5		
E		2				
F					3	6

图 3-6　唯余法应用

二 例题详解

如图 3-7 所示，题目开局先寻找容易观察的排除法线索。

	1	2	3	4	5	6
A	1		2		3	
B						5
C					4	
D		6				
E	5					
F		3		1		4

图 3-7 六宫数独例题

如图 3-8 所示，开局观察数字 5 的排除线索，可以得到一宫和六宫内的数字 5。再利用 F6 格的数字 4 对 A 行进行排除，可得 A4 格填数字 4 和 A6 格填数字 6。接下来继续观察空格较少的宫或行、列内的线索。

	1	2	3	4	5	6
A	1	5	2	4	3	6
B						5
C					4	
D		6				
E	5					
F		3		1	5	4

图 3-8 解题步骤 1

如图 3-9 所示，先利用 F4 格的数字 1 对二宫进行排除，得到 B5 格填数字 1 和 B4 格填数字 2。此时一宫剩余三格缺少数字 3、4、6，再用 2 列的数字 3 和 6 对 B2 格运用唯余法，得到 B2 格只能填入数字 4。继续观察 F 行和 5 列内的线索。

	1	2	3	4	5	6
A	1	5	2	4	3	6
B		4		2	1	5
C					4	
D		6				
E	5					
F		3		1	5	4

图 3-9　解题步骤 2

如图 3-10 所示，先利用 A3 格的数字 2 对 F 行进行排除，得到 F1 格填数字 2 和 F3 格填数字 6。再利用 D2 格的数字 6 对 5 列进行排除，可得 E5 格填数字 6 和 D5 格填数字 2。

	1	2	3	4	5	6
A	1	5	2	4	3	6
B		4		2	1	5
C					4	
D		6			2	
E	5				6	
F	2	3	6	1	5	4

图 3-10　解题步骤 3

如图 3-11 所示,利用宫内排除法可以得到一宫的 B1 格填数字 6 和 B3 格填数字 3,五宫内的 E3 格填数字 4 和 E2 格填数字 1,六宫内的 E6 格填数字 2 和 E4 格填数字 3。

	1	2	3	4	5	6
A	1	5	2	4	3	6
B	6	4	3	2	1	5
C				4		
D		6		2		
E	5	1	4	3	6	2
F	2	3	6	1	5	4

图 3-11　解题步骤 4

最后可以先将列剩余的空格补全,再利用宫内排除法进行收尾补空,最终得到本题的答案,如图 3-12 所示。

	1	2	3	4	5	6
A	1	5	2	4	3	6
B	6	4	3	2	1	5
C	3	2	5	6	4	1
D	4	6	1	5	2	3
E	5	1	4	3	6	2
F	2	3	6	1	5	4

图 3-12　例题答案

三 总结

六宫进阶数独比六宫初级数独已知数少一些，开局时线索较少，可能会用到区块排除法、唯余法或数对占位法。在题目突破难点后就可以使用效率较高的排除法继续填数了。通常题目的难点只有一两步，需要大家掌握本章讲解的几种方法后，辅以排除法对题目进行解答。

下面准备了 80 道六宫数独进阶题目供大家练习，以强化大家对排除法的应用，大家可以尝试应用本章介绍的 3 种方法来解题。

六宫数独进阶练习题

第 141 题

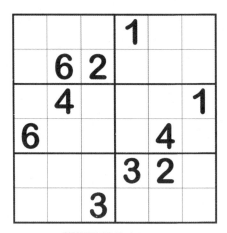

			1		
	6	2			
	4				1
6				4	
			3	2	
		3			

难度 ★★★☆

第 142 题

3					
		2	4		
	4			1	
	1			5	
		6	2		
					6

难度 ★★★☆

第143题

2		6			
		4			1
				2	
	4				
5				1	
				3	6

难度 ★★★☆

第144题

			4		6
6		4			
				2	
	6				
				2	1
5		2			

难度 ★★★☆

第 145 题

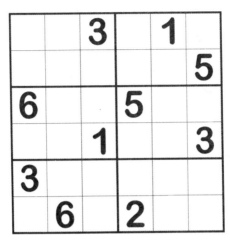

		3		1	
					5
6			5		
		1			3
3					
	6		2		

难度 ★★★☆

第 146 题

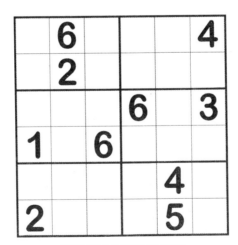

	6				4
	2				
			6		3
1		6			
				4	
2				5	

难度 ★★★☆

第147题

3				5	
			2	4	
2					
					1
	6	1			
	2				4

难度 ★★★☆

第148题

6					
				1	3
5	6				
				1	5
	3	4			
					1

难度 ★★★☆

第三章 六宫数独进阶讲解与练习

第 149 题

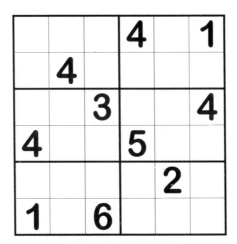

			4		1
	4				
		3			4
4			5		
				2	
1		6			

难度 ★★★☆

第 150 题

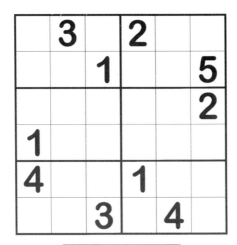

	3		2		
		1			5
					2
1					
4			1		
		3		4	

难度 ★★★☆

第 151 题

2				1	
		6		5	
			5		
		1			
	6		3		
	5				4

难度 ★★★☆

第 152 题

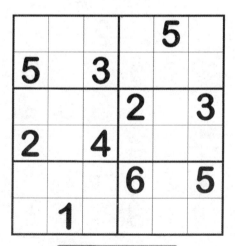

				5	
5		3			
			2		3
2		4			
			6		5
	1				

难度 ★★★☆

第 153 题

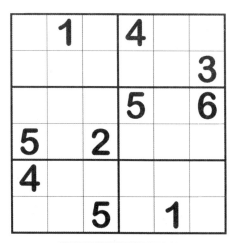

	1		4		
					3
			5		6
5		2			
4					
		5		1	

难度 ★★★☆

第 154 题

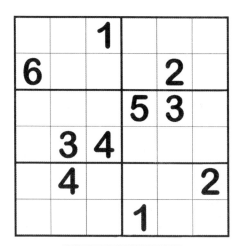

		1			
6				2	
			5	3	
	3	4			
	4				2
			1		

难度 ★★★☆

第 155 题

5		1			
			1		
3				2	
	6				5
		4			
			4		6

难度 ★★★☆

第 156 题

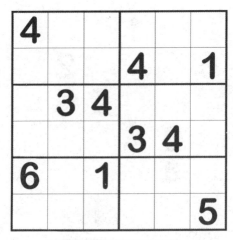

4					
			4		1
	3	4			
			3	4	
6		1			
					5

难度 ★★★☆

第 157 题

		6			
			5	2	
6					1
4					3
	3	5			
			3		

难度 ★★★☆

第 158 题

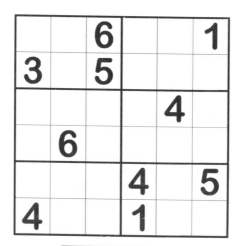

		6			1
3		5			
				4	
	6				
			4		5
4			1		

难度 ★★★☆

第 159 题

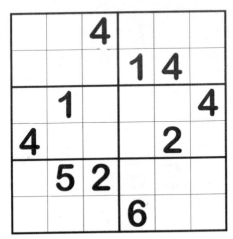

		4			
			1	4	
	1				4
4				2	
	5	2			
			6		

难度 ★★★☆

第 160 题

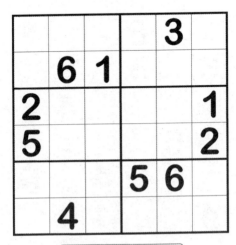

				3	
	6	1			
2					1
5					2
			5	6	
	4				

难度 ★★★☆

第 161 题

			5		
2					1
	2			1	
	5			3	
1					4
		3			

难度 ★★★☆

第 162 题

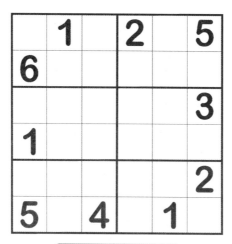

	1		2		5
6					
					3
1					
					2
5		4		1	

难度 ★★★☆

第163题

4		2			
				5	
			3		6
2		6			
	6				
			1		4

难度 ★★★☆

第164题

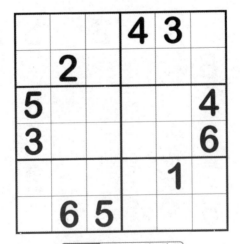

			4	3	
	2				
5					4
3					6
				1	
	6	5			

难度 ★★★☆

第 165 题

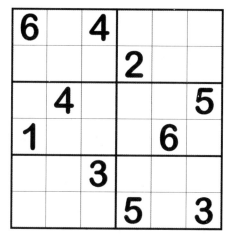

6		4			
			2		
	4				5
1				6	
		3			
			5		3

难度 ★★★☆

第 166 题

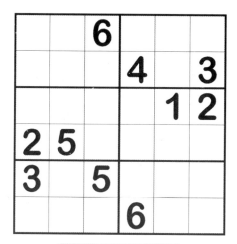

		6			
			4		3
				1	2
2	5				
3		5			
			6		

难度 ★★★☆

第 167 题

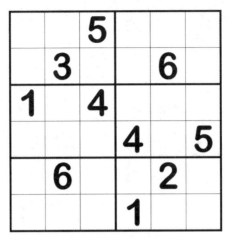

		5			
	3			6	
1		4			
			4		5
	6			2	
			1		

难度 ★★★☆

第 168 题

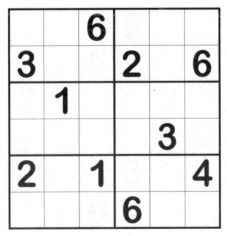

		6			
3			2		6
	1				
				3	
2		1			4
			6		

难度 ★★★☆

第 169 题

	5		4		
	6				1
		3			
			6		
2				1	
		6		5	

难度 ★★★☆

第 170 题

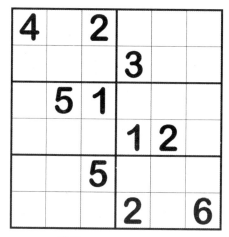

4		2			
			3		
	5	1			
			1	2	
		5			
			2		6

难度 ★★★☆

第171题

	1	6			
				5	
			3		6
6		2			
	5				
				1	4

难度 ★★★☆

第172题

3				2	
		5			6
				6	
		3			
5				1	
		1			3

难度 ★★★☆

第 173 题

6					
4			2	1	
		3			
			6		
	5	2			3
					5

难度 ★★★☆

第 174 题

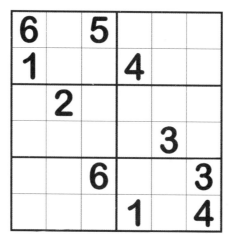

6		5			
1			4		
	2				
				3	
		6			3
			1		4

难度 ★★★☆

第 175 题

	1				2
4					6
			2		
		4			
6					4
5				1	

难度 ★★★☆

第 176 题

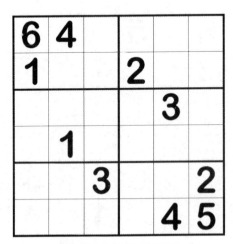

6	4				
1			2		
				3	
	1				
		3			2
				4	5

难度 ★★★☆

第 177 题

			6		
		4			2
	2			5	
	1			6	
2			4		
		6			

难度 ★★★☆

第 178 题

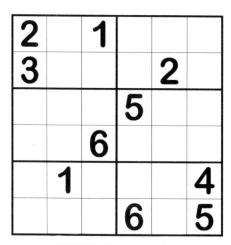

2		1			
3				2	
			5		
		6			
	1				4
			6		5

难度 ★★★☆

第179题

				4	
		5			6
	1		2		
		6		3	
6			3		
	5				

难度 ★★★☆

第180题

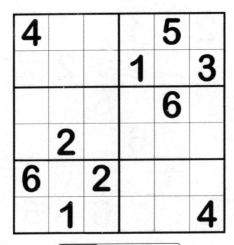

4				5	
			1		3
				6	
	2				
6		2			
	1				4

难度 ★★★☆

第 181 题

1				5	
			4		
2				3	
	3				2
		6			
	5				6

难度 ★★★★

第 182 题

2					
		4		2	
	5		6		
		6		5	
	1		4		
					3

难度 ★★★★

第183题

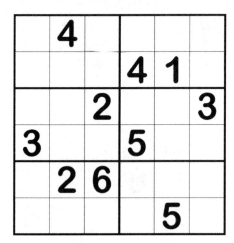

	4				
			4	1	
		2			3
3			5		
	2	6			
				5	

难度 ★★★★

第184题

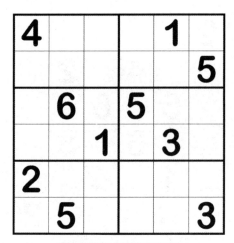

4				1	
					5
	6		5		
		1		3	
2					
	5				3

难度 ★★★★

第 185 题

2				3	
			2		6
				1	
	4				
3		5			
	6				3

难度 ★★★★

第 186 题

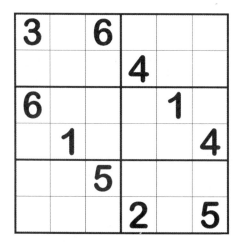

3		6			
			4		
6				1	
	1				4
		5			
			2		5

难度 ★★★★

第 187 题

	3				2
		6			
1				5	
	5				1
			4		
4				3	

难度 ★★★★

第 188 题

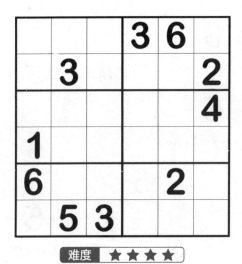

			3	6	
	3				2
					4
1					
6				2	
	5	3			

难度 ★★★★

第 189 题

6					
			6		2
		3		5	
	5		1		
3		4			
					1

难度 ★★★★

第 190 题

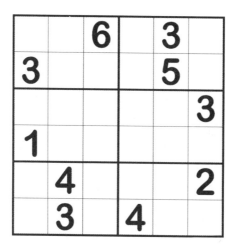

		6		3	
3				5	
					3
1					
	4				2
	3		4		

难度 ★★★★

第191题

		2			4
				2	
4			6		
		6			3
	1				
3			5		

难度 ★★★★

第192题

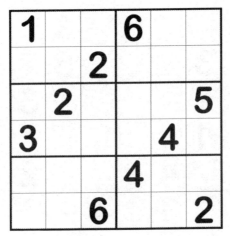

1			6		
		2			
	2				5
3				4	
			4		
		6			2

难度 ★★★★

第 193 题

2				5	
			1		2
	4				
				3	
1		5			
	2				1

难度 ★★★★

第 194 题

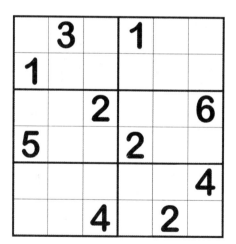

	3		1		
1					
		2			6
5			2		
					4
		4		2	

难度 ★★★★

第 195 题

		5			
			3		1
	4				3
5				4	
6		2			
			6		

难度 ★★★★

第 196 题

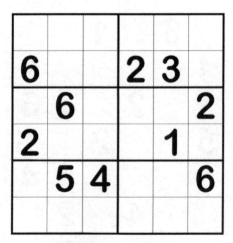

6			2	3	
	6				2
2				1	
	5	4			6

难度 ★★★★

第 197 题

		3		2	
					4
	6		2		
		2		3	
5					
	1		5		

难度 ★★★★

第 198 题

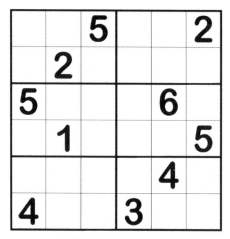

		5			2
	2				
5				6	
	1				5
				4	
4			3		

难度 ★★★★

第 199 题

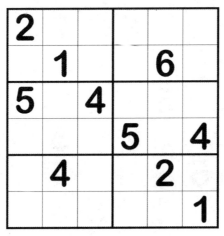

2					
	1			6	
5		4			
			5		4
	4			2	
					1

难度 ★★★★

第 200 题

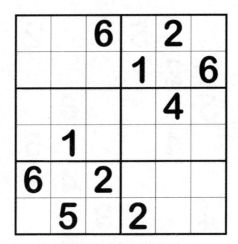

		6		2	
			1		6
				4	
	1				
6		2			
	5		2		

难度 ★★★★

第 201 题

		5			3
	3				
6			4		
		4			6
				2	
1			5		

难度 ★★★★

第 202 题

	4		3		2
5				1	
	1				4
6		2		4	

难度 ★★★★

第 203 题

3		5		1	
			6		
				4	
	2				
		1			
	5		1		6

难度 ★★★★

第 204 题

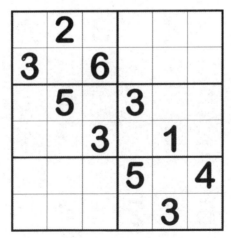

	2				
3		6			
	5		3		
		3		1	
			5		4
				3	

难度 ★★★★

第 205 题

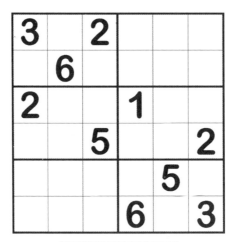

3		2			
	6				
2			1		
		5			2
				5	
			6		3

难度 ★★★★

第 206 题

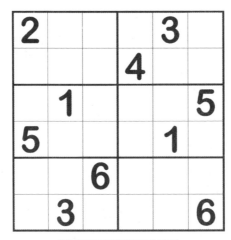

2				3	
			4		
	1				5
5				1	
		6			
	3				6

难度 ★★★★

第 207 题

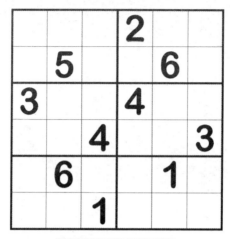

			2		
	5			6	
3			4		
		4			3
	6			1	
		1			

难度 ★★★★

第 208 题

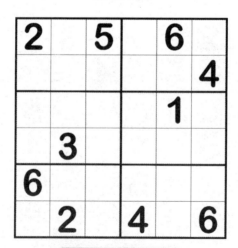

2		5		6	
					4
				1	
	3				
6					
	2		4		6

难度 ★★★★

第 209 题

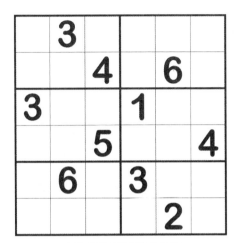

	3				
		4		6	
3			1		
		5			4
	6		3		
				2	

难度 ★★★★

第 210 题

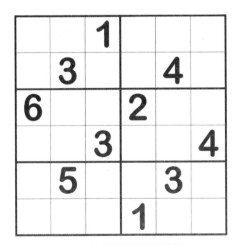

		1			
	3			4	
6			2		
		3			4
	5			3	
			1		

难度 ★★★★

第 211 题

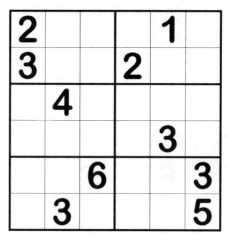

2				1	
3			2		
	4				
				3	
		6			3
	3				5

难度 ★★★★

第 212 题

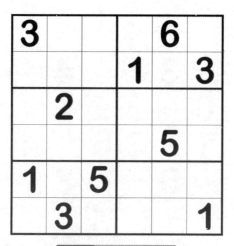

3				6	
			1		3
	2				
				5	
1		5			
	3				1

难度 ★★★★

第 213 题

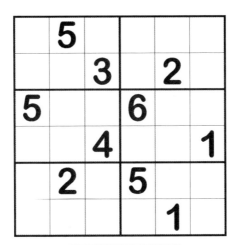

	5				
		3		2	
5			6		
		4			1
	2		5		
				1	

难度 ★★★★

第 214 题

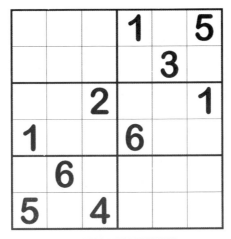

			1		5
				3	
		2			1
1			6		
	6				
5		4			

难度 ★★★★

第 215 题

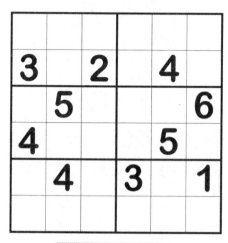

3		2		4	
	5				6
4				5	
	4		3		1

难度 ★★★★

第 216 题

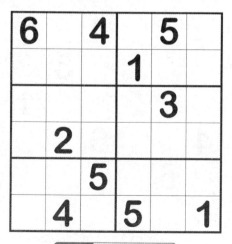

6		4		5	
			1		
				3	
	2				
		5			
	4		5		1

难度 ★★★★

第 217 题

		6			
3			5		
	6				1
4				2	
		5			6
			2		

难度 ★★★★

第 218 题

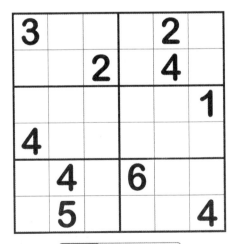

3				2	
		2		4	
					1
4					
	4		6		
	5				4

难度 ★★★★

第 219 题

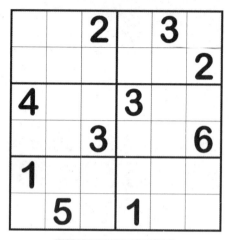

		2		3	
					2
4			3		
		3			6
1					
	5		1		

难度 ★★★★

第 220 题

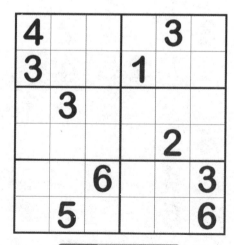

4				3	
3			1		
	3				
				2	
		6			3
	5				6

难度 ★★★★

6	5	3		4		1		
4			7	3	2		5	
7		9				8		4
	6		2		3		1	
1	9						6	2
	7		5		6		8	
5		8				6		1
	4		6	8	1			3
		6		5		2	7	8

第四章

九宫初级数独讲解与练习

一 九宫数独规则介绍

九宫数独的规则是，将数字 1~9 填入空格内，使每行、每列和每宫内的数字均不重复，如图 4-1 所示。

	7	6	5					
	9		3			2	7	5
	1		2		7			6
		1		2		8	6	9
			4		1			
6	2	7		5		3		
1			8		2		3	
7	6	8			9		2	
					5	1	9	

2	7	6	5	8	4	9	1	3
8	9	4	3	1	6	2	7	5
3	1	5	2	9	7	4	8	6
5	4	1	7	2	3	8	6	9
9	8	3	4	6	1	7	5	2
6	2	7	9	5	8	3	4	1
1	5	9	8	4	2	6	3	7
7	6	8	1	3	9	5	2	4
4	3	2	6	7	5	1	9	8

图 4-1　九宫数独例题和答案

九宫数独的盘面明显比六宫数独大很多，全盘共有 9×9=81 个格子，要求每行、每列和每宫内的数字 1~9 各出现一次。由于盘面增大，使得观察难度和涉及的技巧难度都增加不少，熟练掌握六宫数独的解法后才能比较顺畅地解九宫数独。

九宫数独俗称九宫格，在接触解题技巧前我们先来熟悉一下九宫数独相关的元素。

二 九宫数独元素介绍

行： 横向九格的组合，从上到下分别为 A 行、B 行、C 行、D 行、E 行、F 行、G 行、H 行和 I 行。

列： 纵向九格的组合，从左到右分别为 1 列、2 列、3 列、4 列、5 列、6 列、7 列、8 列和 9 列。

宫：粗线划分出的由 3×3 格形成的九格组合，从左上到右下分别为一宫、二宫、三宫、四宫、五宫、六宫、七宫、八宫和九宫，如图 4-2 所示。

格：格的名称由该格所在的行、列位置决定，如 H 行与 7 列交点位置的格子叫 H7 格。

图 4-2 九宫数独的元素

三 九宫数独初级解题技巧

A 单向宫内排除法

如图 4-3 所示，利用 B2 格的数字 5 对三宫进行排除，可得三宫内只有 C7 格可以填数字 5。利用 B2 和 E3 格的数字 5 对七宫进行排除，可得七宫内只有 G1 格可以填数字 5。这种利用某数字对某宫进行单一横向或纵向排除的方法称为"单向宫内排除法"，是九宫数独最基础、最常用的解法。

125

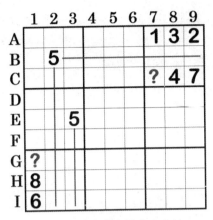

图 4-3 单向宫内排除法示例

应用实例

如图 4-4 所示,利用 A8 和 C6 格的数字 8 对一宫进行排除,可得一宫内只有 B2 格可以填数字 8。利用 D1 和 E4 格的数字 7 对六宫进行排除,可得六宫内只有 F8 格可以填数字 7。九宫数独题目开局时会有很多单向宫内排除的线索,大家需要逐一数字仔细寻找这些线索。

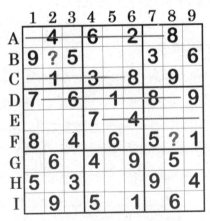

图 4-4 单向宫内排除法应用

B 交叉宫内排除法

如图 4-5 所示，利用 A2、B5、E7 和 H9 格的数字 6 对三宫进行排除，可以得到三宫内只有 C8 格可以填数字 6。利用 A2 和 E7 格的数字 6 对四宫进行排除，可得四宫内只有 F1 格可以填数字 6。这种利用横向和纵向交叉对某宫进行排除的方法称为“交叉宫内排除法”。在单向宫内排除法的线索用完后，需要考虑交叉排除的情况，这样才不会遗漏线索。

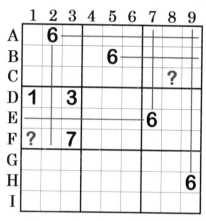

图 4-5 交叉宫内排除法示例

应用实例

如图 4-6 所示，利用 A7、C6 和 D3 格的数字 7 对一宫进行排除，可得一宫内只有 B1 格可以填数字 7。利用 C9、F6 和 I7 格的数字 2 对六宫进行排除，可得六宫内只有 D8 格可以填数字 2。交叉宫内排除法在解题中的使用率很高，与单向宫内排除法配合使用，可以让答题者将初级数独题目做得又准又快。

	1	2	3	4	5	6	7	8	9
A			9	5		3	7		
B	?	1			8			3	
C	5			6		7			2
D	9		7	3		1	5	?	4
E		6						7	
F	3		4	9		2	1		6
G	8			4		5			1
H		9			2			4	
I			3	1		8	2		

图 4-6　交叉宫内排除法应用

四 例题详解

解图 4-7 所示的题目，开局时需要先观察哪个数字的个数比较多。由于排除法需要利用多个相同的数作为条件，因此找到数字多的那个就可能更容易找到排除线索。图 4-7 中初始的数字 2 较多，可以先观察数字 2 的排除线索。

	1	2	3	4	5	6	7	8	9
A	6		4	1	8		2		
B				7	6			8	
C	9		3				1		6
D	7	9		4		6			
E	3	2						9	7
F				2		7		6	1
G	2		5				7		3
H		4			7	5			
I			7		4	2	8		9

图 4-7　九宫数独例题

如图 4-8 所示，利用 E2 和 G1 格的数字 2 对一宫进行排除，可以得到一宫内只有 B3 格可以填数字 2。利用 F4 和 I6 格的数字 2 对二宫进行排除，可以得到二宫内只有 C5 格可以填数字 2。由于六宫和九宫内的数字 2 暂时无法确定位置，因此先跳过，然后观察其他数字的线索。

	1	2	3	4	5	6	7	8	9
A	6		4	1	8		2		
B			2	7	6			8	
C	9		3		2		1		6
D	7	9		4		6			
E	3	2						9	7
F				2		7		6	1
G	2		5				7		3
H		4			7	5			
I			7		4	2	8		9

图 4-8　解题步骤 1

如图 4-9 所示，观察数字 6 的排除线索，利用 D6 和 F8 格的数字 6 对四宫进行排除，可得四宫内只有 E3 格可以填数字 6。利用 C9 和 F8 格的数字 6 对九宫进行排除，可得九宫内只有 H7 格可以填数字 6。

随后还可以观察数字 4 的排除线索，运用宫内排除法可以依次得到九宫内的 G8 格填数字 4，四宫内的 F1 格填数字 4，六宫内的 E7 格填数字 4，三宫内的 B9 格填数字 4 和二宫内的 C6 格填数字 4。在数字 4 全部填完后，换别的数字继续运用宫内排除法进行排除。

	1	2	3	4	5	6	7	8	9
A	6		4	1	8		2		
B			2	7	6			8	4
C	9		3		2	4	1		6
D	7	9		4		6			
E	3	2	6				4	9	7
F	4				2		7	6	1
G	2		5				7	4	3
H		4			7	5	6		
I			7		4	2	8		9

图 4-9　解题步骤 2

如图 4-10 所示，根据宫内排除法观察数字 9，可以依次得到七宫内的 H3 格填数字 9，三宫内的 B7 格填数字 9，二宫内的 A6 格填数字 9，五宫内的 F5 格填数字 9 和八宫内的 G4 格填数字 9。然后运用宫内排除法可以得到八宫和七宫内的数字 6。此时，解题已经进入后期，我们可以换种思路，运用排除法来填数。

	1	2	3	4	5	6	7	8	9
A	6		4	1	8	9	2		
B			2	7	6		9	8	4
C	9		3		2	4	1		6
D	7	9		4		6			
E	3	2	6				4	9	7
F	4				2	9	7		6	1
G	2	6	5	9			7	4	3
H		4	9		7	5	6		
I			7	6	4	2	8		9

图 4-10　解题步骤 3

很多宫内剩余的空格为 2~3 个，此时可以针对这些宫内缺少的数字，寻找排除线索，从而更有效率地填满这些宫。例如，九宫剩余 3 个空格，缺少数字 1、2、5，这时可以针对这几个数字在周围寻找排除线索，并对九宫运用宫内排除法。利用 H6 格的数字 5 对九宫进行排除，可得 I8 格填数字 5。再利用 F9 格的数字 1 对九宫进行排除，可得 H8 格填数字 1 和 H9 格填数字 2。同理，可以得到八宫内的 H4 格填数字 3，G6 格填数字 8 和 G5 格填数字 1，如图 4-11 所示。

	1	2	3	4	5	6	7	8	9
A	6		4	1	8	9	2		
B			2	7	6			9	8	4
C	9		3		2	4	1		6
D	7	9		4		6			
E	3	2	6				4	9	7
F	4			2	9	7		6	1
G	2	6	5	9	1	8	7	4	3
H		4	9	3	7	5	6	1	2
I			7	6	4	2	8	5	9

图 4-11　解题步骤 4

在解题后期，通常运用这种针对宫内空格寻找排除线索的思路会更加直接、有效，思路也会更加清晰，这也是需要大家熟练掌握的填数思路之一。此时题目中留有的空格不多，无论是寻找某个数字的排除线索，还是寻找宫内缺少的数字的排除线索，都不难将题目做完。本题最终的答案如图 4-12 所示。

	1	2	3	4	5	6	7	8	9
A	6	7	4	1	8	9	2	3	5
B	5	1	2	7	6	3	9	8	4
C	9	8	3	5	2	4	1	7	6
D	7	9	1	4	3	6	5	2	8
E	3	2	6	8	5	1	4	9	7
F	4	5	8	2	9	7	3	6	1
G	2	6	5	9	1	8	7	4	3
H	8	4	9	3	7	5	6	1	2
I	1	3	7	6	4	2	8	5	9

图 4-12　例题答案

五　总结

本章我们重点介绍了九宫数独常用的填数方法——宫内排除法。九宫初级数独题目的已知数较多，通常运用宫内排除法就可以全部解出题目。通过对本章的学习，大家要深入理解宫内排除法的解题思路，并在解题过程中熟练运用宫内排除法，只有这样才可以解答已知数较少的九宫数独。

下面准备了 60 道九宫初级数独题目供大家练习，大家可以在做题过程中熟练应用宫内排除法。

九宫初级数独练习题

第 221 题

	1		3	4	2		7	
6	3	7						2
	8		7		6	3		
7		3		2		9		6
2			8		5			7
8		1		7		5		3
		4	2		8		3	
3						8	1	9
	7		5	1	3		6	

难度 ★☆☆☆

第 222 题

	8	9		4	5			
		7	9		3			5
		3		7		4	9	1
2	5		8		7		4	
9		8				3		6
	4		5		6		8	2
6	9	5		8		2		
7			3		2	9		
				1	6		5	7

难度 ★☆☆☆

第 223 题

	4	9		7		3	2	
7			4	3	2			9
2		3				7		8
	1		8		3		9	
3	9						5	6
	5		9		6		7	
1		6				9		4
9			1	8	4			7
	3	8		6		2	1	

难度 ★☆☆☆

第 224 题

	3		6	4	1		8	
6		5				1		7
	1		2		5		9	
3	1			6			8	4
2			4		7			3
4		6		2		7		5
	8		3		4		7	
1		3				4		8
	4		1	8	6		3	

难度 ★☆☆☆

第 225 题

	2	1		9		5		
3		7		6		9		1
	6		7		2		8	
5		4		1		6		8
	7		4		5		9	
2		3		9		4		5
	1		9		8		3	
9		5		2		8		7
	3		5		6		4	

难度 ★☆☆☆

第 226 题

	6		8			5	4	
5		3		6		7		8
2	8		9	5			6	
			7		1	8		9
	3	1				2	7	
7		8	2		5			
	7			8	4		2	6
8		6		7		4		3
	4	9			6		8	

难度 ★☆☆☆

第 227 题

		1		8	3		7	
7	3		5	4				
5	8	6			2		4	
2		5		4			9	1
	9		7		1		2	
7	1			2		8		6
8		9			2	1	7	
			4	7		5	8	
5		7	8		9			

难度 ★☆☆☆

第 228 题

	2		3	8	4		6	
6		4				3		7
	5		9		6		4	
3		1		9		7		8
8			5		7			6
4		5		1		9		3
	1		7		9		3	
2		7				5		9
	3		8	4	5		7	

难度 ★☆☆☆

第 229 题

	4		1	6	9		5	
6		7		5		8		2
	3			8			6	
3			6		4			1
9	7	1				4	8	6
2			8		1			5
	8			4			1	
4		6		1		5		8
	9		5	2	8		4	

难度 ★☆☆☆

第 230 题

6	5	3		4		1		
4			7	3	2		5	
7		9				8		4
	6		2		3		1	
1	9						6	2
	7		5		6		8	
5		8				6		1
	4		6	8	1			3
		6		5		2	7	8

难度 ★☆☆☆

第 231 题

1	4		7			2		
			1	5	2		8	
5		3		9		7		6
	3		2		9		4	
2	4	7				6	9	1
	5		7		1		3	
3		5		2		9		4
	7		6	1	4			
		2		3		1		8

难度 ★☆☆☆

第 232 题

	9		6	1		2	4	
2				8			5	3
3	8		5		9			
		2		3		9	1	5
1				9		5		4
4	5	9		7		8		
			3		6		8	2
5		6			4			9
		4	3		9	2		5

难度 ★☆☆☆

第 233 题

	2	7		4		9	8	
3			9	6	8			7
6		9				5		3
	6		3		9		1	
2	9						3	8
	5		1		4		7	
5		6				8		2
9			8	5	1			4
	7	8		9		3	5	

难度 ★☆☆☆

第 234 题

			4		1		8	
		7	8		6	4		
8	9		3		7		1	5
	8	5		2		3	7	
4			7		1			6
	7	1		9		2	8	
2	3		1		5		4	8
		6	9		8	1		
			8		7		9	

难度 ★☆☆☆

第235题

	3	6			1		2	
8		7	3			1		9
	9		8		2		5	7
7		1		2		9	4	
				7		4		
	4	8		5		2		6
2	7		4		8		9	
6		5			7	4		3
		1		5		7	8	

难度 ★☆☆☆

第236题

	6				1	7		8
1		2		5	8			
	7		3		9	4		1
		7		8		5	9	6
	2		5		4		1	
8	5	3		9		2		
6		5	8		7		4	
				6	1	9		7
7			1	9			3	

难度 ★☆☆☆

第四章 九宫初级数独讲解与练习

第 237 题

5	7	1				4		2
			1	7		8		5
8	2		3		4			6
		7		3		6	4	
	6		7		8		5	
	8	5		2		3		
7			6		3		2	4
6		2		1	5			
9		4				5	6	3

难度 ★☆☆☆

第 238 题

	8	9		2		7	4	
6			4	9	7			8
4		7				9		2
	7		6		4		2	
8	6						7	9
	3		5		9		8	
2		1				4		7
7			2	4	3			5
	4	8		5		2	9	

难度 ★☆☆☆

第 239 题

	8			6	4		5	
7		6			5	4		8
	4		7		1		6	
8	9	1		7		5		
3				5		6		2
		2		9		1	3	7
	2		1		3		7	
1		7	8			6		5
	5		6	2			1	

难度 ★☆☆☆

第 240 题

	7		2	1	3		6	
6		8			5	3		2
	9				7		1	
7				2		9	3	1
9			1		8			5
1	2	6		5				8
	6		5				9	
8		1	6			2		7
	5		7	3	2		8	

难度 ★☆☆☆

第 241 题

	8		2	7	9		5	
1		2				9		3
	6	9		3		4	7	
4			1		3			5
2		5				8		6
8			5		2			4
	5	1		4		2	3	
6		3				5		9
	4		3	2	5		6	

难度 ★☆☆☆

第 242 题

1	2	4				8		
			3	1	5			4
5		3		8		6		7
	7		5			9	2	8
	3		7		1		4	
4	5	9			8		7	
9		5		4		3		2
3			8	2	9			
		7				4	6	9

难度 ★☆☆☆

第243题

2		1	9		8			6
	6		8		7		1	
5			1	6	4			9
	2	6				9	5	
1		7				6		4
	4	5				7	2	
4			5	7	6			2
	1		4		2		9	
7		2		8		4		3

难度 ★☆☆☆

第244题

	5		8	6	4		3	
4		3		2		8		9
	6			9			2	
6			9		2			1
5	9	2				6	7	4
7			4		6			2
	4			3			1	
1		6		4		7		3
	2		6	1	5		4	

难度 ★☆☆☆

第 245 题

	2		7	8	6		9	
3		6				7		8
	8		3		5		2	
2		3			1		4	9
9				4		3		1
1		4			7		5	3
	3		1		7		4	
6		2				9		7
	9		6	3	2		1	

难度 ★☆☆☆

第 246 题

	3		2	4	7		5	
5		9				2		7
	7		5		8		3	
1		7	4		5	3		2
8								4
4		3	6		2	8		9
	6		9		3		2	
9		5				7		3
	8		7	1	4		9	

难度 ★☆☆☆

第247题

	5		4	7		2	8	
8		4				1		9
3	9		8	5			7	
				2		6	3	
								5
4		3				8		2
5		8	1		3			
	8			6	7		9	4
7		9				6		8
	4	5		2	8		3	

难度 ★☆☆☆

第248题

4		7	3	8		2		
			7	5	4		6	
3		1				7		8
1	4		2		9		3	
5	3						9	7
	7		8		5		1	2
6		3				5		4
	2		6	4	3			
		4		9	8	3		6

难度 ★☆☆☆

第 249 题

	1		4	2		3		7
8		6	5		1			
	4			8		6		1
7	8		3		5		2	
2		1				8		5
	6		8		2		9	3
1		3		5		6		
			7		3	5		9
4		7		6	9		3	

难度 ★☆☆☆

第 250 题

	9	1		6	7		5	
5					2	3		7
	8	7		3		1		6
6	1		3		4			
7		8				6		4
			6		8		2	1
1		3		8		5	7	
9		6	5					8
	5		7	9		4	6	

难度 ★☆☆☆

第251题

		8		4		1	6	
6		5	2		3			
9				6			5	2
	2		7		9		3	
5		3				8		7
	8		3		4		9	
8	4			2				5
				4	8	6		9
			6	1		9	4	

难度 ★★☆☆

第252题

				5	2	9		1
		8	1			4		5
		7		8	1		2	
8		9			2			3
6			7			9		8
3				7		2		1
	4			6	3		5	
1		3				6	8	
			6		9	8	1	

难度 ★★☆☆

第 253 题

	5		7		1		9	
9		7			3	6		2
	4				5		3	
7	8	5		3				6
			2		8			
3				6		5	8	4
	3		5				1	
2		1	4			3		5
		9		3	6		4	

难度 ★★☆☆

第 254 题

	2		9		5		3	
3		8		2		1		5
	5			3			2	
5			7		9			6
	6	7				9	4	
9			2		3			7
	1			5			6	
6		5		8		4		2
		7		6		4		5

难度 ★★☆☆

第 255 题

	7		8				1	
2		9	7			4		8
	3		5		4		7	
			2		5	6	3	7
				2	3			
5	1	3		7		8		
	8		9		5		4	
3		4			7	9		5
	9				8		2	

难度 ★★☆☆

第 256 题

1					7		4	3
5		3		1	6			
		7		4		5	2	
9	7		1		2			
		6	2			9	1	
			9		4		3	7
	1	9		2		4		
				8	5		1	2
2	8		4					6

难度 ★★☆☆

第 257 题

	9		2	7	6		4	
1		6				2		7
	2			1			6	
7			9		5			3
8		5				9		6
9			7		8			4
	7			4			5	
5		1				4		2
	4		1	5	2		8	

难度 ★★☆☆

第 258 题

2	5				4		3	
1				3		4		2
			2	9	7		5	
		1			9	2		4
	6	4				5	1	
8		5	3			9		
	1		9	7	2			
6		7		5				9
	9		1				4	7

难度 ★★☆☆

第259题

	9	5				2	3	
4			6	5	3			9
	3			4			7	
3		8				4		2
2				4		9		1
9		4				8		7
	4			9			2	
7			3	1	8			6
	8	6				9	1	

难度 ★★☆☆

第260题

		3	1	2	4	7		
	5			7			8	
1			5		8			3
5		2				3		7
3	7						1	2
6		4				8		5
7				8		6		4
	6			4			3	
		5	2	1	3	6		

难度 ★★☆☆

第 261 题

			9		1			4
5	4	8		6				
9	3		7		2			8
	7		1		4		9	
3		6				4		1
	4		6		2		3	
4		9		6		8	2	
			3		8	9	1	
8		5		2				

难度 ★★☆☆

第 262 题

	2		6		1		3	
9		1				8		4
4	6						1	2
3		4		8		1		6
			4		6			
6		9		7		4		8
1	3						9	7
2		8				5		3
	4		5		3		8	

难度 ★★☆☆

第263题

	4		8			1	7	
9			3		4	8		
8	3			2				4
	8		6		3		5	
4		9				3		2
	6		2		1		4	
1				6			3	7
		7	8		5			9
	9	3		1		4		

难度 ★★☆☆

第264题

	6	4				5	7	
8			5					4
9		5	4		6	1		2
		9		1		4	6	
				9		8		
	4	3		6		9		
1		8	6		2	7		9
5					4			6
	2	6				8	5	

难度 ★★☆☆

第四章 九宫初级数独讲解与练习

第 265 题

5		3			4		2	
				5		7	9	4
4		8	9		1			
	2			9	7		4	
6		1				9		7
	4		1	6			8	
			4		6	8		9
9	1	4		8				
	3		2			4		5

难度 ★★☆☆

第 266 题

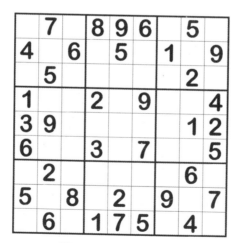

	7		8	9	6		5	
4		6		5		1		9
	5						2	
1			2		9			4
3	9						1	2
6			3		7			5
	2						6	
5		8		2		9		7
	6		1	7	5		4	

难度 ★★☆☆

第 267 题

2	8					9		5
			8	5		3		4
3	1		6		4			
		3		7		6	4	
	7		2		9		8	
	4	9		3		1		
			4		1		3	6
4		2		6	7			
1		8					9	7

难度 ★★☆☆

第 268 题

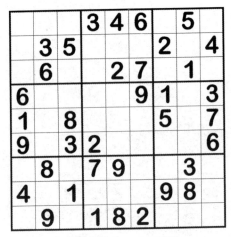

			3	4	6		5	
	3	5				2		4
	6			2	7		1	
6					9	1		3
1		8				5		7
9		3	2					6
	8		7	9			3	
4		1				9	8	
	9		1	8	2			

难度 ★★☆☆

第 269 题

	2		4		3		1	
5		1		9		8		3
	3		8		7		2	
1		3				6		7
	9						8	
4		6				2		1
	1		6		4		7	
9		2		8		4		5
	4		5		9		6	

难度 ★★☆☆

第 270 题

	2	6		3	8			
	6		9		4		2	
4		5				9		3
3	4		8		9		1	6
1	9		3		5		4	2
2		4				6		1
	3		2		6		8	
			1	4		8	2	

难度 ★★☆☆

第271题

	1	5	7	3		8		
3			6		9			1
		7				3		
8	3		7		6		1	5
2								8
7	5		9		8		4	6
		3				5		
5			3		7			4
		7		1	5	4		6

难度 ★★☆☆

第272题

	8		1				3	7
2		3		6		4		8
	6		4	8			9	
4		8			1			
	1	6				8	2	
			8			1		9
	4			9	8		7	
8		1		5		9		2
6	7				2		8	

难度 ★★☆☆

第 273 题

	5		3	9	8			
1		9				6		
	4		5	6		9	3	
5		6			7			4
4		3				5		6
7			6			3		2
	7	8		5	3		6	
		5				4		3
			9	1	2		5	

难度 ★★☆☆

第 274 题

	8		7	6		5		4
5	7		4					
		9		2		7		1
4	1		6		2			
3		5				4		2
			1		4		3	7
9		1		4		2		
					5		4	3
8		4		7	6		9	

难度 ★★☆☆

第275题

	8	7		6		5		
6		2				8		7
	7	1		8		6	2	
7			9		1			2
		5				7		
2			4		8			3
	2	4		1		9	8	
1		6				3		5
		5		6		9	4	

难度 ★★☆☆

第276题

	7		3			8		
3		6		8		5		2
	2		7		4		9	
		1	5		6	2		
2	6						3	5
		4	3		8	1		
	9		8		2		5	
5		2		7		6		3
		1			5		2	

难度 ★★☆☆

第 277 题

	6		7	8			3	
8		7				6		5
	3		9		6		8	
		1		6		9		8
9			4		8			2
3		6		5		1		
	5		8		1		4	
4		8				5		7
	2			9	4		1	

难度 ★★☆☆

第 278 题

8	6		4		5			
2		5			1	6		
	3		2			9	5	
9		8		3			7	6
			5		8			
4	1			6		8		5
	4	7			3		6	
		9	6			5		2
			8		4		9	7

难度 ★★☆☆

第279题

	6	7					1	4
5			1		4			9
9				6		7		8
	9	8		6		2	3	
				9		2		
	7	4		1		9	5	
4			2		6			1
7			8		3			5
	5	6				4	8	

难度 ★★☆☆

第280题

		1	3			2		9
	2		9	1	7			
9		8				7		6
5	9		2		6		7	
	1						2	
	6		1		3		5	4
2		5				4		7
			8	2	4		6	
6		3			9	1		

难度 ★★☆☆

	4		5			7		6
6		5			9			
	9		7			5		2
5		3		7			8	
			8		2			
	6			3		1		7
1		2			7		5	
			3			8		9
9		4			8		7	

第五章

九宫数独进阶讲解与练习

一 九宫数独进阶解题技巧

Ⓐ 行列排除法

如图 5-1 所示,利用 C2 格和 D8 格的数字 7 对 6 列进行排除,可得 6 列内只有 G6 格可以填数字 7。这种利用某个数字针对某行或某列进行排除,并得到该行或该列只有一格可以填入该数的方法称为"行列排除法"。在运用宫内排除法找不到填数线索时,往往通过对空格较少的行或列进行观察,有时可以找到行列排除法的线索。

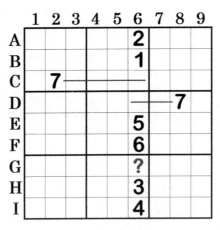

图 5-1 行列排除法示例

【应用实例】

如图 5-2 所示,利用 B7 格和 F5 格的数字 1 对 2 列进行排除,可得 2 列内只有 D2 格可以填数字 2。

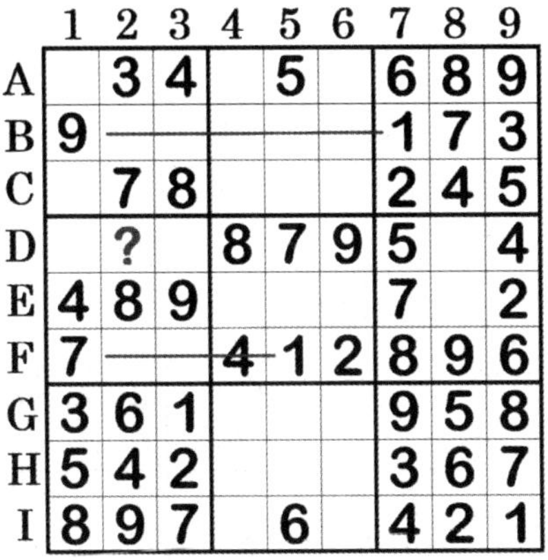

图 5-2 区块排除法应用

B 进阶行列排除法

如图 5-3 所示，由于 D3 格的数字 7 在四宫内，因此可以排除四宫内其他格填数字 7 的可能性。此时利用 D3 格和 B9 格的数字 7 对 F 行进行排除，可得 F 行内只有 F6 格可以填数字 7。我们会发现，利用某宫内的数字对行列进行排除，产生的影响效果更大，可以排除掉更多格子，初学者有时会忽略这种排除线索。

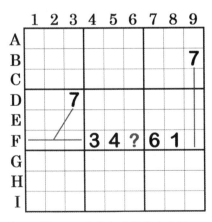

图 5-3 进阶行列排除法示例

> **应用实例**

如图 5-4 所示，利用 B1、G6 和 E7 格的数字 5 对 D 行进行排除，可得 D 行内只有 D5 格可以填数字 5。

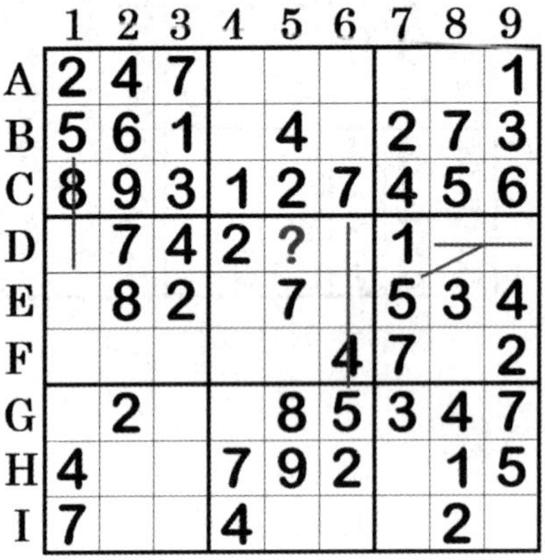

```
   1 2 3 4 5 6 7 8 9
A  2 4 7         1
B  5 6 1   4   2 7 3
C  8 9 3 1 2 7 4 5 6
D    7 4 2 ?   1
E    8 2     7 5 3 4
F            4 7   2
G    2     8 5 3 4 7
H  4     7 9 2   1 5
I  7     4     2
```

图 5-4　进阶行列排除法应用

❸ 区块排除法

如图 5-5 所示，利用 B3 格的数字 2 对四宫进行排除，可得四宫内的数字 2 可能在 F1 格，也可能在 F2 格内。无论在这两格中的哪一格内，我们都可以对 F 行其他格进行排除。我们将某宫内必然含某数的两格称为"区块"，区块也可以起到排除的作用。这种使用区块结构结合排除思路进行填数的方法称为"区块排除法"。

由于区块形成的前提是，利用数字针对某宫进行排除，因此区块排除法常会和宫内排除法结合运用。通常我们会在寻找宫内排除法的线索的过程中发现区块条件，此时便可以及时利用形成的区块运用排除法。

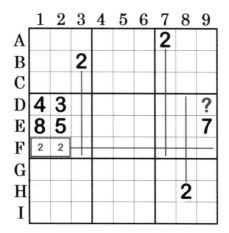

图 5-5 区块排除法示例

应用实例

如图 5-6 所示，利用 B5 格的数字 4 对三宫进行排除，在三宫内形成含数字 4 的区块。然后利用该区块结合 G1 和 H6 格的数字 4 对九宫进行排除，可得九宫内只有 I7 格可以填数字 4。

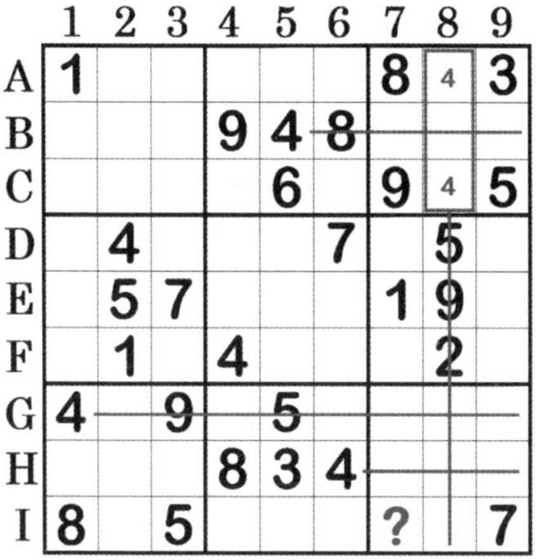

图 5-6 区块排除法应用

二 例题详解

如图 5-7 所示，九宫数独进阶与九宫初级数独相比，已知数少了一些，这也使得开局时运用排除法的线索变得较少，需要我们更加仔细地观察并耐心寻找填数的线索。

	1	2	3	4	5	6	7	8	9
A	1				2				9
B				1	3	4			
C				5			1		
D		5	8			2		6	
E	9	7						5	4
F		1		9			8	7	
G			4			8			
H				4	6	5			
I	6				9				7

图 5-7　九宫数独例题

如图 5-8 所示，由于题目中部数字较多，因此可以先从中部寻找排除线索。利用宫内排除法可以得到五宫的数字 5，五宫的数字 4，四宫的数字 4，以及六宫内的数字 9 和 1。

	1	2	3	4	5	6	7	8	9
A	1				2				9
B				1	3	4			
C				5		9	1		
D		5	8		4	2	9	6	1
E	9	7						5	4
F	4	1		9	5		8	7	
G			4			8			
H				4	6	5			
I	6				9				7

图 5-8 解题步骤 1

如图 5-9 所示，先观察数字 7 的排除线索，可以依次填出五宫、八宫、二宫和三宫内的数字 7。再利用唯余法得到四宫内的数字 3，随后观察数字 1 的排除线索，可以依次得到八宫、五宫、七宫和九宫内的数字 1。

	1	2	3	4	5	6	7	8	9
A	1				2	7			9
B				1	3	4	7		
C				5		9	1		
D	3	5	8	7	4	2	9	6	1
E	9	7			1			5	4
F	4	1		9	5		8	7	
G			4		7	8		1	
H			1	4	6	5			
I	6				9	1			7

图 5-9 解题步骤 2

如图 5-10 所示，利用宫内排除法可以补出二宫和五宫内的一些数字，还可以得到七宫、一宫内的数字 7 和九宫、七宫内的数字 9。

此时已没有宫内排除法的线索,需要寻找行列排除法或区块排除法的线索。例如,利用 C5 和 G6 格内的数字 8 对 1 列排除,可得 B1 格填数字 8。

	1	2	3	4	5	6	7	8	9
A	1			6	2	7			9
B	8		9	1	3	4	7		
C			7	5	8	9	1		
D	3	5	8	7	4	2	9	6	1
E	9	7		8	1			5	4
F	4	1		9	5		8	7	
G		9	4		7	8	6	1	
H	7		1	4	6	5		9	
I	6				9	1			7

图 5-10　解题步骤 3

后续利用宫内排除法进行收尾和补数,将题目剩余空格填完,便可以得到本题的最终答案,如图 5-11 所示。

	1	2	3	4	5	6	7	8	9
A	1	3	5	6	2	7	4	8	9
B	8	6	9	1	3	4	7	2	5
C	2	4	7	5	8	9	1	3	6
D	3	5	8	7	4	2	9	6	1
E	9	7	6	8	1	3	2	5	4
F	4	1	2	9	5	6	8	7	3
G	5	9	4	3	7	8	6	1	2
H	7	2	1	4	6	5	3	9	8
I	6	8	3	2	9	1	5	4	7

图 5-11　解题步骤 4

三、总结

　　本章介绍的九宫数独进阶开局已知数较少，对大家寻找排除法的线索提出了更高的要求，熟练掌握宫内排除法才可以顺利上手。而解题中期或多或少会遇到需要应用行列排除法和区块排除法的情况，这就要求大家在实战中对本章所讲的新方法进行运用。虽然在六宫数独中寻找行列排除法的线索不是很难，但由于九宫数独中的行和列较多，涉及的数字也较多，使得行列排除法的卡点有时很难第一时间发现，大家既要细心又要耐心，才能顺利突破这些卡点。

　　下面准备了60道九宫数独进阶题目供大家练习，以帮助大家熟练应用九宫数独中的各种排除法。

九宫数独进阶练习题

第281题

7	3	6		2				
					6	5		7
		2				6		4
	6		8		4		2	
	2	7				8	4	
	1		2		3		9	
5		8				3		
6				3	8			
					9		1	6	8

难度 ★★★☆

第282题

4			8	2	1			
		9				2	6	7
5		3		6				
	7				3		4	
1			4		5			6
	5		2				9	
					3		6	8
3	9	6				7		
				5	7	6		4

难度 ★★★☆

第283题

		4			2		3	
1		2		9	6			
	7			6			8	2
5			2		1			
	4	9				5	6	
			9		6			3
7	6			2			4	
		3		7		2		9
	2		4			7		

难度 ★★★☆

第284题

	4				7		2	6
6		9						1
	8		9		1	4		
		4		1		5		9
			7		2			
1		3		4		7		
		2	4		9		5	
4						2		3
9	1		3				4	

难度 ★★★☆

第 285 题

7				6	9	3		
		2			8		1	
	3			1	7			
3						7	4	2
8		1				6		5
5	4	7						1
			8	2			7	
	7		5			1		
			9	7	6			4

难度 ★★★☆

第 286 题

	3		9	4			2	
		8				3		4
	4			6			8	
4			3			7		5
1				4		2		6
6		3			7			8
	1			5			6	
8		4				1		
	5			3	1		9	

难度 ★★★☆

第 287 题

7		5	6			3		
			7	1			6	
9				3				8
1	7		3		6			
	8	4				5	3	
			2		8		1	6
5				2				9
	4			6	1			
		6			5	1		3

难度 ★★★☆

第 288 题

			6	7	5		8	
		5	4			6		2
	8		1				5	
9	5	4						3
8								5
3						8	9	4
	3				1		4	
5		9			8	7		
	1		7	2	9			

难度 ★★★☆

第289题

	3			9		8	6	
6			5			3		7
5	2			7				
				9		4	3	
3		4				7		9
	9		6		7			
				4			7	6
4		1			5			3
	5	6		2			1	

难度 ★★★☆

第290题

			5	9	2			
	2			8			9	
5		7				2		6
	4		1		3		6	
3	1						5	2
	5		7		6		4	
2		9				4		1
	3			7			2	
			2	1	9			

难度 ★★★☆

第291题

	2			3			8	
			9	8	4			
4		8				5		3
3		9				6		1
	4		3		8		5	
1		7				3		8
5		4				2		6
			6	5	1			
	6			7			9	

难度 ★★★☆

第292题

8		5				7	6	
				4	8		2	
6		4		5		9		
	4				7		9	1
			9		2			
7	6		5				3	
		6		2		4		3
	9		1	7				
	7	8				1		9

难度 ★★★☆

第293题

			4	8			5	
3		5				7	4	
9	4		3		5			
				6			1	2
1		8				3		5
2	9				3			
			2		4		7	9
	1	9				2		6
	2			3	9			

难度 ★★★☆

第294题

9		4			7		3	
				1			7	9
7		6		8		5		
	9		4		5			8
			1			9		
8				6		1		5
		9		1		2		5
1	6				8			
		2		5		7		1

难度 ★★★☆

第295题

1	7		5	4				
		2		6	1			
8			7			6	5	
	8						4	7
4		9			2			6
6	3					8		
	4	6		3				2
		8	5		7			
			4	2		8		5

难度 ★★★☆

第296题

			4	9		6	2	
	7						5	
8			1		4			7
6		1		4		8		9
			7		8			
7		2		3		4		5
3			4		2			6
	9					2		
			7	5		1	9	

难度 ★★★☆

第297题

3	7	1						5
				1			3	6
		6		8		3		2
			6		2		8	5
				3		9		
	2	7			8		9	
6				9		8		2
7		4				5		
2						5	4	8

难度 ★★★☆

第298题

8	3					2		7
6		5	7		3			
		7		4				3
	1	7		6			4	
				9		4		
	9			5		7	3	
1					7		2	
				8		2	6	4
2		9					7	8

难度 ★★★☆

第 299 题

	4	5		3		7		
1	7						8	3
	9			8			2	
8		3		7				5
	6				3			
9			6		8			7
	5			1			4	
4		1				5		9
	7		4		5		8	

难度 ★★★☆

第 300 题

	8		3	6	9		1	
6		7				5		2
	3			5			8	
		9				2		
2			4		8			5
		8				1		
	7			8			2	
8		3				7		6
		1	7	2	5		4	

难度 ★★★☆

第 301 题

	5		8	9			3	
6						7		4
	4		7	5				
				6		9	4		3
4		2				9		1
3		6	2		1			
				2	7		9	
5		8						7
	3			6	8		1	

难度 ★★★☆

第 302 题

	3		6				8	5
7		9		2				6
	4		3	7				
8		5			6			
	6	2				1	9	
			9			6		8
				4	3		2	
1				8		3		7
9	2				5		4	

难度 ★★★☆

第 303 题

2	8				1	5		3
	7						8	9
6			7		8			
8		3		4		7		
			2		7			
		6		8		2		5
			8		6			7
1	3						6	
5		7	9				4	8

难度 ★★★☆

第 304 题

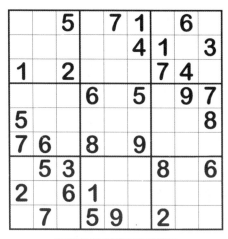

		5		7	1		6	
					4	1		3
1		2				7	4	
			6		5		9	7
5								8
7	6		8		9			
	5	3				8		6
2		6	1					
	7		5	9		2		

难度 ★★★☆

第 305 题

	4				8	2		
8	9			4		3		
				1		8	4	7
			9		4			5
	2	4				9	3	
5			2		6			
4	5	8		6				
		7		2			6	3
		2	4				8	

难度 ★★★☆

第 306 题

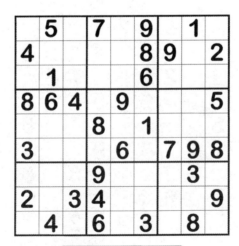

	5		7		9		1	
4					8	9		2
	1				6			
8	6	4		9				5
			8		1			
3				6		7	9	8
			9				3	
2		3	4					9
	4		6		3		8	

难度 ★★★☆

第 307 题

	4	5			7		6	
6		5		9				
	9		7			5		2
5		3		7			8	
			8		2			
	6			3		1		7
1		2			7		5	
				3			8	9
9		4			8		7	

难度 ★★★☆

第 308 题

	9	5			4			
			7		2	9		5
	1			9				7
9	8		3		6		2	
		3				4		
	6		1		8		7	9
6				2			9	
4		9	8		1			
				9			2	8

难度 ★★★☆

第309题

	4		8	3		6		
						7		8
1			7		6		2	
		6		3		5		9
3			4		9			6
9		1		7		8		
	6		9		7			5
8	5							
	1		5	6		4		

难度 ★★★☆

第310题

8	1	7						5
				8		3		7
				7	1			8
	9	1	7		8		2	
			5			7		
		2		4		6	3	9
1			2	6				
9				3		7		
4						6	5	3

难度 ★★★☆

第 311 题

	6				3		2	
1	9	7						
		4		8				5
	7	4		5		9		
			9		4			
		9		2		8	4	
6			2		5			
					3		6	8
8		7					5	

难度 ★★★★

第 312 题

	5		1			9		
				7		5		8
6	4		3					
				2		5	6	7
	2							9
3			1	9		8		
					4		7	9
4		9		1				
			2		3	8		

难度 ★★★★

第313题

	8	1					4	
9			4			6		1
7			3				2	
	5	8		6				
			8		9			
			1			2	8	
	3				2			4
1		2			3			8
	6					3	7	

难度 ★★★★

第314题

		2				1		
	7			4			3	
9			8	3				5
		7	6		4	2		
	9						5	
		3	9		8	4		
1			7		9			8
	6			3			4	
		9				5		

难度 ★★★★

第315题

	1	3	2					
5		3	4					
	4			8		5		
7	3				9			
2		1				8		9
			1				7	6
		9		3		5		
					4	1		7
				5	1		9	

难度 ★★★★

第316题

		2				3	5	
9				4	6			
3				7				8
	3		9		7			
	8	7				2	9	
				8		4		6
2				8				5
			2	5				9
	1	4				8		

难度 ★★★★

第317题

	7	8			1			
9		2						
	2		7		5		4	
			1	4		6		
5		6				1		3
	1		9	3				
6		4		3		8		
					8			2
	2			1		3		

难度 ★★★★

第318题

	7		6	5				
9		5				6	1	
	8			9			3	
4					2			
6		8				5		9
				1				3
	9			3		8		
	4	1				3	2	
				1	4		5	

难度 ★★★★

第319题

					8	5	3	
3		8			6			
2	9			4		7		
7		6		8				
			6		3			
				5		9		3
	6		8				9	1
		4				2		5
	2	7	1					

难度 ★★★★★

第320题

	4	7	6	8				
			7			8		4
	2						9	
7				4				1
8		4				2		5
1				9				6
	5						4	
4		9			7			
				5	9	1	6	

难度 ★★★★

第321题

	9	2				3		
4				1		6		
	3				8			9
	3	1		2				
2	1						7	5
				9		5	3	
7			5				6	
		6		8				4
	9			6		7		

难度 ★★★★

第322题

4						8	6	3
8		2	7					
5				4			1	
			2		6		4	
		9				3		
	2		3		1			
	7			3				9
					5	1		6
6	4	5						8

难度 ★★★★

第 323 题

	5		8			6	1	
1		9						5
6			9				3	
				1		9		7
			2		4			
5		6		9				
	1				2			8
3						7		1
	8	2			5		9	

难度 ★★★★

第 324 题

9		2					7	
			9	7				1
5				8	4			
	7				3	8		
	3	9				1	6	
		1	6				2	
			2	3				4
8				9	1			
	9					2		7

难度 ★★★★

第325题

3		9		1				
2			7	6	9			
5						1	2	
			3	4			6	
4								3
	1				6	5		
	7	5						1
			3	5	7		4	
				2		7		5

难度 ★★★★

第326题

4	7	2		8			3	
			2	3			6	
					5			2
		4					9	
9	6					7	4	
		3				5		
3			7					
8				5	6			
2				4		8	1	7

难度 ★★★★

第 327 题

4		7	3				2	
						9		8
	6		2		8			
3				7		6		4
			1		3			
7		1		2				3
			8		7		6	
1		4						
	5				1	4		2

难度 ★★★★

第 328 题

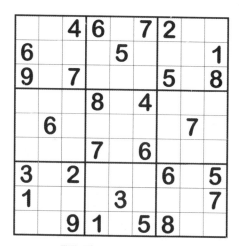

		4	6		7	2		
6				5				1
9		7				5		8
			8		4			
	6						7	
			7		6			
3		2				6		5
1				3				7
		9	1		5	8		

难度 ★★★★

第 329 题

	1	7				3	9	
			9	5	7			
4								8
	8		2		1		6	
1								5
	3		5		8		1	
3								9
			6	4	9			
	9	6				7	8	

难度 ★★★★

第 330 题

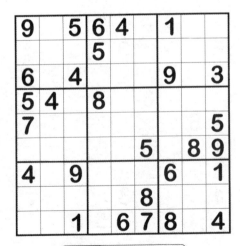

9		5	6	4		1		
			5					
6		4				9		3
5	4		8					
7								5
					5		8	9
4		9				6		1
					8			
		1		6	7	8		4

难度 ★★★★

第 331 题

2				9				3
				5	2	8		
	8	9				4		
	3		1		5			
1	6						5	7
			2		3		1	
		6				2	9	
		5	4	2				
3				8				6

难度 ★★★★

第 332 题

	3		7		4			
5			3	1				
				8		7		3
7	2		6					
	1	5				3	6	
					2		7	9
2		4		9				
				5	8			4
			3		7		8	

难度 ★★★★

第333题

	5						7	
				5		4		1
	1	9		7				
7			4		1			3
2		5				1		4
4			3		5			6
					1	3	4	
9		2		8				
	8						6	

难度 ★★★★

第334题

	2			6		9		
7				5	3			
		4				8		7
			1		8		7	
8	1						2	6
	9		5		6			
3		5				2		
			7	1				3
		8		3			9	

难度 ★★★★

第 335 题

4			8		7			
			4			8	3	
		3				7	4	
7	6			1				9
			2		5			
5				4			8	2
	8	6				3		
	5	4			9			
			6		3			4

难度 ★★★★

第 336 题

	2	4		3		9		
				6				3
3		6				8		5
			2		6			
8	7						5	6
			5		1			
1		9				6		4
6				4				
		2		1		7	8	

难度 ★★★★

第 337 题

6	4					9		
1			5	4				
		8		1				3
	7		4		1			
	2	1				5	4	
			7		2		9	
8				6		3		
				3	7			5
		9					6	4

难度 ★★★★

第 338 题

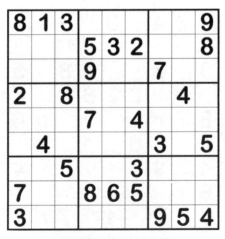

8	1	3						9
			5	3	2			8
			9			7		
2		8					4	
			7		4			
	4					3		5
		5			3			
7			8	6	5			
3						9	5	4

难度 ★★★★

第 339 题

	1		4		2		9	
8						6		1
				1	9		7	
9		3						8
		6				9		
4						1		7
	4			2	1			
7		2						3
		8		5		7		4

难度 ★★★★

第 340 题

	2				9	3		
				7		1		2
4	7	3				5		
6			2		7			
	8						1	
				8		3		5
			1			4	2	6
8		9		3				
			7	6			9	

难度 ★★★★

数独练习题答案

第1题

1	3	2	4
2	4	1	3
4	1	3	2
3	2	4	1

第2题

1	3	4	2
4	2	1	3
3	1	2	4
2	4	3	1

第3题

3	1	4	2
4	2	3	1
1	3	2	4
2	4	1	3

第4题

4	3	1	2
1	2	4	3
3	1	2	4
2	4	3	1

第5题

3	2	1	4
4	1	3	2
1	4	2	3
2	3	4	1

第6题

2	3	1	4
4	1	3	2
1	2	4	3
3	4	2	1

第 7 题

3	1	2	4
4	2	1	3
2	3	4	1
1	4	3	2

第 8 题

1	2	4	3
3	4	1	2
4	3	2	1
2	1	3	4

第 9 题

1	3	2	4
2	4	1	3
4	2	3	1
3	1	4	2

第 10 题

1	2	3	4
4	3	1	2
2	1	4	3
3	4	2	1

第 11 题

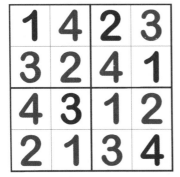

1	4	2	3
3	2	4	1
4	3	1	2
2	1	3	4

第 12 题

4	3	2	1
1	2	4	3
3	4	1	2
2	1	3	4

第13题

4	2	1	3
1	3	4	2
2	4	3	1
3	1	2	4

第14题

1	3	4	2
4	2	1	3
2	1	3	4
3	4	2	1

第15题

1	4	2	3
2	3	1	4
4	2	3	1
3	1	4	2

第16题

2	3	4	1
4	1	2	3
1	4	3	2
3	2	1	4

第17题

2	1	4	3
4	3	1	2
1	2	3	4
3	4	2	1

第18题

1	3	2	4
2	4	1	3
3	2	4	1
4	1	3	2

第19题

2	1	4	3
4	3	2	1
1	2	3	4
3	4	1	2

第20题

4	3	1	2
2	1	4	3
1	2	3	4
3	4	2	1

第21题

4	3	1	2
2	1	4	3
3	4	2	1
1	2	3	4

第22题

4	2	1	3
1	3	2	4
2	4	3	1
3	1	4	2

第23题

2	3	1	4
4	1	2	3
1	4	3	2
3	2	4	1

第24题

4	1	2	3
2	3	1	4
1	4	3	2
3	2	4	1

第25题

4	2	1	3
1	3	4	2
3	4	2	1
2	1	3	4

第26题

2	3	4	1
1	4	2	3
3	2	1	4
4	1	3	2

第27题

4	1	2	3
2	3	4	1
3	4	1	2
1	2	3	4

第28题

4	2	1	3
1	3	4	2
2	1	3	4
3	4	2	1

第29题

4	2	1	3
3	1	4	2
1	3	2	4
2	4	3	1

第30题

4	2	3	1
1	3	2	4
2	1	4	3
3	4	1	2

第 31 题

2	1	3	4
4	3	1	2
3	4	2	1
1	2	4	3

第 32 题

3	2	4	1
4	1	2	3
1	4	3	2
2	3	1	4

第 33 题

4	2	1	3
3	1	4	2
2	4	3	1
1	3	2	4

第 34 题

2	1	4	3
4	3	2	1
3	4	1	2
1	2	3	4

第 35 题

4	3	1	2
2	1	3	4
1	4	2	3
3	2	4	1

第 36 题

3	4	1	2
1	2	3	4
2	3	4	1
4	1	2	3

第 37 题

3	4	1	2
2	1	3	4
4	3	2	1
1	2	4	3

第 38 题

1	4	3	2
2	3	1	4
4	1	2	3
3	2	4	1

第 39 题

2	1	4	3
4	3	2	1
3	2	1	4
1	4	3	2

第 40 题

2	3	4	1
4	1	3	2
3	2	1	4
1	4	2	3

第 41 题

4	3	1	2
1	2	3	4
3	4	2	1
2	1	4	3

第 42 题

2	3	1	4
4	1	3	2
3	4	2	1
1	2	4	3

第 43 题

2	3	4	1
4	1	2	3
1	4	3	2
3	2	1	4

第 44 题

4	3	1	2
2	1	4	3
3	4	2	1
1	2	3	4

第 45 题

4	1	2	3
3	2	1	4
1	4	3	2
2	3	4	1

第 46 题

2	4	1	3
1	3	2	4
4	1	3	2
3	2	4	1

第 47 题

3	4	1	2
1	2	3	4
2	1	4	3
4	3	2	1

第 48 题

2	4	3	1
3	1	4	2
1	3	2	4
4	2	1	3

第 49 题

3	1	2	4
4	2	3	1
1	3	4	2
2	4	1	3

第 50 题

4	2	1	3
3	1	4	2
2	4	3	1
1	3	2	4

第 51 题

4	2	3	1
3	1	4	2
2	3	1	4
1	4	2	3

第 52 题

3	2	1	4
1	4	3	2
4	3	2	1
2	1	4	3

第 53 题

4	3	2	1
1	2	3	4
3	1	4	2
2	4	1	3

第 54 题

1	3	2	4
2	4	1	3
4	2	3	1
3	1	4	2

第 55 题

2	1	3	4
3	4	1	2
4	3	2	1
1	2	4	3

第 56 题

4	2	1	3
3	1	2	4
1	4	3	2
2	3	4	1

第 57 题

3	2	1	4
4	1	3	2
2	3	4	1
1	4	2	3

第 58 题

2	1	3	4
4	3	1	2
3	2	4	1
1	4	2	3

第 59 题

4	3	2	1
2	1	3	4
1	2	4	3
3	4	1	2

第 60 题

4	1	2	3
2	3	4	1
3	2	1	4
1	4	3	2

第61题

5	6	3	2	4	1
2	1	4	3	5	6
4	3	2	6	1	5
1	5	6	4	2	3
3	2	1	5	6	4
6	4	5	1	3	2

第62题

1	3	5	6	4	2
4	6	2	1	5	3
3	2	6	4	1	5
5	4	1	2	3	6
2	1	3	5	6	4
6	5	4	3	2	1

第63题

4	2	6	3	1	5
3	5	1	4	2	6
5	6	3	2	4	1
1	4	2	6	5	3
6	1	4	5	3	2
2	3	5	1	6	4

第64题

4	2	5	6	3	1
6	1	3	4	5	2
2	3	4	5	1	6
5	6	1	2	4	3
3	5	6	1	2	4
1	4	2	3	6	5

第65题

1	6	3	2	4	5
2	5	4	6	1	3
5	2	6	4	3	1
4	3	1	5	2	6
6	1	2	3	5	4
3	4	5	1	6	2

第66题

2	5	3	1	4	6
6	4	1	5	2	3
4	1	2	3	6	5
3	6	5	2	1	4
1	3	6	4	5	2
5	2	4	6	3	1

第67题

1	6	4	3	5	2
3	5	2	1	6	4
4	2	3	5	1	6
6	1	5	4	2	3
5	4	6	2	3	1
2	3	1	6	4	5

第68题

3	2	5	6	1	4
6	4	1	2	3	5
2	1	3	4	5	6
4	5	6	1	2	3
1	3	4	5	6	2
5	6	2	3	4	1

第69题

5	1	4	3	6	2
3	6	2	1	5	4
4	5	3	2	1	6
6	2	1	4	3	5
2	3	5	6	4	1
1	4	6	5	2	3

第70题

6	3	5	4	2	1
1	4	2	6	3	5
2	1	6	3	5	4
4	5	3	2	1	6
5	2	4	1	6	3
3	6	1	5	4	2

第71题

5	3	1	6	4	2
6	2	4	5	3	1
1	6	2	4	5	3
4	5	3	2	1	6
3	4	6	1	2	5
2	1	5	3	6	4

第72题

4	5	6	3	2	1
3	1	2	4	5	6
6	3	5	2	1	4
1	2	4	6	3	5
5	4	3	1	6	2
2	6	1	5	4	3

第73题

3	1	4	2	6	5
5	2	6	3	1	4
2	6	1	4	5	3
4	5	3	1	2	6
1	3	5	6	4	2
6	4	2	5	3	1

第74题

1	4	6	3	5	2
3	5	2	1	4	6
2	3	5	4	6	1
6	1	4	5	2	3
5	2	1	6	3	4
4	6	3	2	1	5

第75题

1	2	3	5	6	4
6	4	5	3	1	2
3	6	1	2	4	5
4	5	2	1	3	6
2	3	4	6	5	1
5	1	6	4	2	3

第76题

3	6	2	5	1	4
4	1	5	2	3	6
5	4	3	6	2	1
1	2	6	4	5	3
2	3	4	1	6	5
6	5	1	3	4	2

第77题

4	1	3	2	5	6
6	2	5	4	1	3
2	5	4	3	6	1
1	3	6	5	4	2
3	4	1	6	2	5
5	6	2	1	3	4

第78题

1	6	3	5	4	2
5	2	4	3	6	1
3	5	1	6	2	4
2	4	6	1	3	5
4	3	5	2	1	6
6	1	2	4	5	3

第 79 题

6	5	4	2	1	3
3	1	2	6	4	5
2	3	5	4	6	1
4	6	1	5	3	2
1	2	6	3	5	4
5	4	3	1	2	6

第 80 题

2	5	6	4	3	1
4	1	3	5	6	2
5	6	4	1	2	3
1	3	2	6	5	4
3	4	5	2	1	6
6	2	1	3	4	5

第 81 题

5	6	3	2	4	1
2	1	4	3	5	6
4	3	2	6	1	5
1	5	6	4	2	3
3	2	5	1	6	4
6	4	5	1	3	2

第 82 题

1	3	5	6	4	2
4	6	2	1	5	3
3	2	6	4	1	5
5	4	1	2	3	6
2	1	3	5	6	4
6	5	4	3	2	1

第 83 题

6	5	1	2	4	3
3	2	4	5	6	1
4	3	5	6	1	2
1	6	2	4	3	5
2	1	6	3	5	4
5	4	3	1	2	6

第 84 题

4	2	1	5	3	6
6	3	5	4	2	1
3	6	4	1	5	2
5	1	2	6	4	3
2	5	6	3	1	4
1	4	3	2	6	5

第85题

1	4	3	6	2	5
6	5	2	3	1	4
5	6	1	2	4	3
3	2	4	5	6	1
4	3	6	1	5	2
2	1	5	4	3	6

第86题

3	6	2	4	5	1
4	5	1	3	6	2
1	3	4	5	2	6
5	2	6	1	4	3
6	1	5	2	3	4
2	4	3	6	1	5

第87题

1	6	2	4	5	3
3	4	5	2	6	1
5	3	4	6	1	2
6	2	1	3	4	5
4	5	3	1	2	6
2	1	6	5	3	4

第88题

4	1	2	5	3	6
5	6	3	4	2	1
1	5	4	2	6	3
2	3	6	1	5	4
6	4	5	3	1	2
3	2	1	6	4	5

第89题

4	6	3	2	5	1
2	5	1	6	3	4
6	4	2	3	1	5
3	1	5	4	6	2
1	3	4	5	2	6
5	2	6	1	4	3

第90题

1	5	6	2	3	4
2	4	3	5	1	6
3	6	2	4	5	1
4	1	5	3	6	2
6	3	4	1	2	5
5	2	1	6	4	3

第 91 题

5	6	3	2	4	1
2	1	4	3	5	6
4	3	2	6	1	5
1	5	6	4	2	3
3	2	1	5	6	4
6	4	5	1	3	2

第 92 题

1	3	5	6	4	2
4	6	2	1	5	3
3	2	6	4	1	5
5	4	1	2	3	6
2	1	3	5	6	4
6	5	4	3	2	1

第 93 题

6	4	1	2	5	3
5	3	2	1	6	4
1	2	6	3	4	5
4	5	3	6	2	1
2	1	5	4	3	6
3	6	4	5	1	2

第 94 题

5	6	2	3	1	4
4	3	1	6	5	2
3	1	5	2	4	6
2	4	6	1	3	5
6	5	3	4	2	1
1	2	4	5	6	3

第 95 题

1	4	5	2	6	3
2	3	6	4	5	1
6	2	3	1	4	5
5	1	4	3	2	6
4	5	1	6	3	2
3	6	2	5	1	4

第 96 题

2	6	3	4	5	1
1	4	5	3	2	6
5	2	6	1	4	3
3	1	4	2	6	5
6	3	2	5	1	4
4	5	1	6	3	2

第97题

3	4	2	5	1	6
5	6	1	3	2	4
6	3	5	2	4	1
2	1	4	6	5	3
1	5	6	4	3	2
4	2	3	1	6	5

第98题

2	3	4	5	6	1
6	5	1	3	2	4
3	2	6	4	1	5
1	4	5	2	3	6
4	6	3	1	5	2
5	1	2	6	4	3

第99题

2	5	6	4	1	3
1	3	4	5	6	2
3	4	5	1	2	6
6	1	2	3	4	5
5	2	1	6	3	4
4	6	3	2	5	1

第100题

1	5	4	6	2	3
2	3	6	4	5	1
3	2	1	5	4	6
4	6	5	1	3	2
6	4	2	3	1	5
5	1	3	2	6	4

第101题

1	6	4	2	5	3
3	2	5	6	4	1
2	5	3	4	1	6
6	4	1	3	2	5
5	3	2	1	6	4
4	1	6	5	3	2

第102题

3	2	1	6	5	4
5	4	6	3	1	2
4	6	5	2	3	1
2	1	3	5	4	6
1	3	2	4	6	5
6	5	4	1	2	3

第103题

1	3	5	4	6	2
6	2	4	5	1	3
5	1	2	6	3	4
4	6	3	2	5	1
2	5	1	3	4	6
3	4	6	1	2	5

第104题

4	3	1	2	5	6
5	2	6	4	3	1
3	1	4	6	2	5
2	6	5	1	4	3
1	4	3	5	6	2
6	5	2	3	1	4

第105题

5	2	4	6	3	1
1	6	3	5	4	2
3	5	2	1	6	4
6	4	1	3	2	5
4	1	6	2	5	3
2	3	5	4	1	6

第106题

1	2	6	3	4	5
4	3	5	6	1	2
2	6	4	1	5	3
3	5	1	2	6	4
5	1	2	4	3	6
6	4	3	5	2	1

第107题

2	6	1	4	5	3
3	4	5	1	2	6
4	5	2	3	6	1
6	1	3	2	4	5
1	2	6	5	3	4
5	3	4	6	1	2

第108题

1	4	6	5	3	2
2	3	5	1	6	4
4	1	3	2	5	6
5	6	2	4	1	3
6	2	1	3	4	5
3	5	4	6	2	1

第109题

2	5	4	6	3	1
3	6	1	2	4	5
4	3	5	1	2	6
1	2	6	4	5	3
6	4	3	5	1	2
5	1	2	3	6	4

第110题

2	5	6	3	4	1
3	4	1	5	2	6
4	1	2	6	5	3
5	6	3	4	1	2
1	3	5	2	6	4
6	2	4	1	3	5

第111题

5	2	3	6	1	4
6	4	1	3	2	5
2	1	4	5	3	6
3	5	6	2	4	1
1	6	2	4	5	3
4	3	5	1	6	2

第112题

2	3	5	1	6	4
4	6	1	2	3	5
3	2	4	5	1	6
5	1	6	4	2	3
6	5	2	3	4	1
1	4	3	6	5	2

第113题

5	1	3	4	2	6
4	6	2	5	3	1
3	2	4	6	1	5
1	5	6	3	4	2
2	3	5	1	6	4
6	4	1	2	5	3

第114题

5	2	4	3	6	1
1	3	6	4	2	5
6	4	2	1	5	3
3	1	5	2	4	6
2	6	1	5	3	4
4	5	3	6	1	2

第115题

3	1	4	2	5	6
2	5	6	4	3	1
4	6	5	1	2	3
1	2	3	6	4	5
6	3	2	5	1	4
5	4	1	3	6	2

第116题

6	1	5	3	4	2
2	4	3	1	6	5
1	3	4	5	2	6
5	2	6	4	1	3
4	5	2	6	3	1
3	6	1	2	5	4

第117题

5	6	3	4	2	1
1	4	2	6	3	5
2	5	1	3	4	6
4	3	6	5	1	2
6	1	4	2	5	3
3	2	5	1	6	4

第118题

4	2	1	6	5	3
6	5	3	4	1	2
2	1	6	3	4	5
3	4	5	2	6	1
1	6	2	5	3	4
5	3	4	1	2	6

第119题

6	2	1	4	3	5
3	5	4	1	6	2
1	3	6	2	5	4
5	4	2	6	1	3
4	6	5	3	2	1
2	1	3	5	4	6

第120题

4	2	1	6	3	5
3	6	5	2	4	1
2	3	4	1	5	6
1	5	6	4	2	3
6	4	3	5	1	2
5	1	2	3	6	4

第121题

3	4	5	1	2	6
6	1	2	3	5	4
4	2	6	5	1	3
1	5	3	4	6	2
2	3	1	6	4	5
5	6	4	2	3	1

第122题

3	2	6	5	1	4
4	1	5	2	6	3
1	3	2	4	5	6
6	5	4	3	2	1
5	4	1	6	3	2
2	6	3	1	4	5

第123题

4	1	3	5	2	6
5	6	2	1	3	4
2	5	4	6	1	3
1	3	6	4	5	2
3	4	1	2	6	5
6	2	5	3	4	1

第124题

1	6	3	2	5	4
5	4	2	3	1	6
2	1	5	4	6	3
6	3	4	5	2	1
4	5	6	1	3	2
3	2	1	6	4	5

第125题

3	4	6	2	5	1
2	1	5	4	6	3
1	5	4	6	3	2
6	3	2	5	1	4
5	2	1	3	4	6
4	6	3	1	2	5

第126题

3	6	1	5	2	4
5	4	2	6	3	1
6	3	5	1	4	2
1	2	4	3	6	5
2	5	6	4	1	3
4	1	3	2	5	6

第 127 题

1	4	6	3	5	2
2	5	3	1	4	6
5	3	4	2	6	1
6	2	1	4	3	5
4	1	5	6	2	3
3	6	2	5	1	4

第 128 题

2	1	6	3	4	5
4	3	5	1	2	6
5	2	4	6	1	3
1	6	3	2	5	4
6	5	2	4	3	1
3	4	1	5	6	2

第 129 题

5	3	4	1	6	2
2	6	1	3	5	4
3	1	2	6	4	5
6	4	5	2	1	3
4	2	6	5	3	1
1	5	3	4	2	6

第 130 题

1	5	3	2	4	6
2	6	4	5	1	3
4	1	2	3	6	5
6	3	5	1	2	4
5	4	1	6	3	2
3	2	6	4	5	1

第 131 题

5	1	4	3	2	6
3	6	2	4	1	5
6	2	1	5	4	3
4	5	3	2	6	1
2	3	6	1	5	4
1	4	5	6	3	2

第 132 题

4	5	6	3	1	2
2	1	3	6	4	5
6	4	5	2	3	1
1	3	2	5	6	4
3	2	4	1	5	6
5	6	1	4	2	3

第133题

1	5	4	3	2	6
3	2	6	5	1	4
5	4	2	6	3	1
6	1	3	2	4	5
2	6	1	4	5	3
4	3	5	1	6	2

第134题

1	5	3	2	6	4
6	4	2	5	1	3
2	1	4	6	3	5
3	6	5	4	2	1
5	2	1	3	4	6
4	3	6	1	5	2

第135题

5	4	3	1	2	6
6	1	2	4	3	5
3	5	1	2	6	4
2	6	4	3	5	1
1	3	6	5	4	2
4	2	5	6	1	3

第136题

6	1	5	3	2	4
2	3	4	5	1	6
5	6	3	1	4	2
4	2	1	6	3	5
1	4	6	2	5	3
3	5	2	4	6	1

第137题

6	2	5	4	1	3
4	1	3	6	5	2
3	5	4	1	2	6
1	6	2	3	4	5
5	4	6	2	3	1
2	3	1	5	6	4

第138题

2	1	3	6	5	4
6	5	4	1	2	3
3	4	6	2	1	5
5	2	1	3	4	6
1	3	5	4	6	2
4	6	2	5	3	1

第 139 题

2	5	1	6	3	4
4	6	3	2	1	5
5	4	6	1	2	3
3	1	2	5	4	6
1	3	5	4	6	2
6	2	4	3	5	1

第 140 题

3	6	4	1	2	5
1	5	2	4	6	3
5	3	1	6	4	2
2	4	6	5	3	1
6	1	3	2	5	4
4	2	5	3	1	6

第 141 题

3	5	4	1	6	2
1	6	2	4	5	3
2	4	5	6	3	1
6	3	1	2	4	5
5	1	6	3	2	4
4	2	3	5	1	6

第 142 题

3	6	4	1	2	5
1	5	2	4	6	3
6	4	5	3	1	2
2	1	3	6	5	4
5	3	6	2	4	1
4	2	1	5	3	6

第 143 题

2	1	6	4	3	5
3	5	4	2	6	1
1	3	5	6	2	4
6	4	2	5	1	3
5	6	3	1	4	2
4	2	1	3	5	6

第 144 题

1	2	5	4	3	6
6	3	4	5	1	2
4	5	1	6	2	3
2	6	3	1	4	5
3	4	6	2	5	1
5	1	2	3	6	4

第145题

4	5	3	6	1	2
2	1	6	3	4	5
6	3	4	5	2	1
5	2	1	4	6	3
3	4	2	1	5	6
1	6	5	2	3	4

第146题

5	6	1	2	3	4
3	2	4	5	6	1
4	5	2	6	1	3
1	3	6	4	2	5
6	1	5	3	4	2
2	4	3	1	5	6

第147题

3	4	2	1	5	6
1	5	6	2	4	3
2	1	4	3	6	5
6	3	5	4	2	1
4	6	1	5	3	2
5	2	3	6	1	4

第148题

6	1	3	2	5	4
4	2	5	1	3	6
5	6	1	4	2	3
3	4	2	6	1	5
1	3	4	5	6	2
2	5	6	3	4	1

第149题

2	6	5	4	3	1
3	4	1	6	5	2
6	5	3	2	1	4
4	1	2	5	6	3
5	3	4	1	2	6
1	2	6	3	4	5

第150题

5	3	4	2	6	1
6	2	1	4	3	5
3	4	5	6	1	2
1	6	2	3	5	4
4	5	6	1	2	3
2	1	3	5	4	6

第151题

2	3	5	4	1	6
4	1	6	2	5	3
6	2	3	5	4	1
5	4	1	6	3	2
1	6	4	3	2	5
3	5	2	1	6	4

第152题

4	2	1	3	5	6
5	6	3	1	2	4
1	5	6	2	4	3
2	3	4	5	6	1
3	4	2	6	1	5
6	1	5	4	3	2

第153题

3	1	6	4	5	2
2	5	4	1	6	3
1	4	3	5	2	6
5	6	2	3	4	1
4	2	1	6	3	5
6	3	5	2	1	4

第154题

4	2	1	6	5	3
6	5	3	4	2	1
2	1	6	5	3	4
5	3	4	2	1	6
1	4	5	3	6	2
3	6	2	1	4	5

第155题

5	3	1	2	6	4
4	2	6	1	5	3
3	4	5	6	2	1
1	6	2	3	4	5
6	1	4	5	3	2
2	5	3	4	1	6

第156题

4	1	6	5	2	3
5	2	3	4	6	1
2	3	4	1	5	6
1	6	5	3	4	2
6	5	1	2	3	4
3	4	2	6	1	5

第157题

5	2	6	1	3	4
3	4	1	5	2	6
6	5	3	2	4	1
4	1	2	6	5	3
1	3	5	4	6	2
2	6	4	3	1	5

第158题

2	4	6	3	5	1
3	1	5	6	2	4
1	3	2	5	4	6
5	6	4	2	1	3
6	2	1	4	3	5
4	5	3	1	6	2

第159题

1	6	4	2	3	5
5	2	3	1	4	6
2	1	5	3	6	4
4	3	6	5	2	1
6	5	2	4	1	3
3	4	1	6	5	2

第160题

4	5	2	1	3	6
3	6	1	4	2	5
2	3	4	6	5	1
5	1	6	3	4	2
1	2	3	5	6	4
6	4	5	2	1	3

第161题

6	1	4	5	2	3
2	3	5	6	4	1
3	2	6	4	1	5
4	5	1	2	3	6
1	6	2	3	5	4
5	4	3	1	6	2

第162题

4	1	3	2	6	5
6	5	2	4	3	1
2	4	6	1	5	3
1	3	5	6	2	4
3	6	1	5	4	2
5	2	4	3	1	6

数独练习题答案

第163题

4	5	2	6	1	3
6	1	3	4	5	2
5	4	1	3	2	6
2	3	6	5	4	1
1	6	4	2	3	5
3	2	5	1	6	4

第164题

6	5	1	4	3	2
4	2	3	5	6	1
5	1	6	3	2	4
3	4	2	1	5	6
2	3	4	6	1	5
1	6	5	2	4	3

第165题

6	2	4	3	5	1
3	5	1	2	4	6
2	4	6	1	3	5
1	3	5	4	6	2
5	1	3	6	2	4
4	6	2	5	1	3

第166题

4	3	6	2	5	1
5	1	2	4	6	3
6	4	3	5	1	2
2	5	1	3	4	6
3	6	5	1	2	4
1	2	4	6	3	5

第167题

6	1	5	2	4	3
4	3	2	5	6	1
1	5	4	6	3	2
3	2	6	4	1	5
5	6	1	3	2	4
2	4	3	1	5	6

第168题

1	2	6	5	4	3
3	5	4	2	1	6
5	1	3	4	6	2
6	4	2	1	3	5
2	6	1	3	5	4
4	3	5	6	2	1

第169题

3	5	1	4	6	2
4	6	2	5	3	1
6	2	3	1	4	5
5	1	4	6	2	3
2	4	5	3	1	6
1	3	6	2	5	4

第170题

4	3	2	5	6	1
5	1	6	3	4	2
2	5	1	6	3	4
3	6	4	1	2	5
6	2	5	4	1	3
1	4	3	2	5	6

第171题

5	1	6	4	3	2
3	2	4	6	5	1
1	4	5	3	2	6
6	3	2	5	1	4
4	5	1	2	6	3
2	6	3	1	4	5

第172题

3	4	6	5	2	1
1	2	5	4	3	6
2	5	1	3	6	4
6	3	4	2	1	5
5	6	3	1	4	2
4	1	2	6	5	3

第173题

6	2	1	3	5	4
4	3	5	2	1	6
2	6	3	5	4	1
5	1	4	6	3	2
1	5	2	4	6	3
3	4	6	1	2	5

第174题

6	4	5	3	1	2
1	3	2	4	5	6
3	2	1	6	4	5
5	6	4	2	3	1
4	1	6	5	2	3
2	5	3	1	6	4

第175题

3	1	6	4	5	2
4	2	5	1	3	6
1	6	3	2	4	5
2	5	4	3	6	1
6	3	1	5	2	4
5	4	2	6	1	3

第176题

6	4	2	1	5	3
1	3	5	2	6	4
5	2	6	4	3	1
3	1	4	5	2	6
4	5	3	6	1	2
2	6	1	3	4	5

第177题

1	3	2	6	4	5
5	6	4	3	1	2
6	2	3	1	5	4
4	1	5	2	6	3
2	5	1	4	3	6
3	4	6	5	2	1

第178题

2	6	1	4	5	3
3	5	4	1	2	6
1	4	3	5	6	2
5	2	6	3	4	1
6	1	5	2	3	4
4	3	2	6	1	5

第179题

1	6	2	5	4	3
4	3	5	1	2	6
3	1	4	2	6	5
5	2	6	4	3	1
6	4	1	3	5	2
2	5	3	6	1	4

第180题

4	3	1	2	5	6
2	6	5	1	4	3
1	5	4	3	6	2
3	2	6	4	1	5
6	4	2	5	3	1
5	1	3	6	2	4

第181题

1	6	4	2	5	3
5	2	3	4	6	1
2	4	1	6	3	5
6	3	5	1	4	2
3	1	6	5	2	4
4	5	2	3	1	6

第182题

2	6	1	5	3	4
5	3	4	1	2	6
1	5	3	6	4	2
4	2	6	3	5	1
3	1	2	4	6	5
6	4	5	2	1	3

第183题

2	4	1	3	6	5
6	3	5	4	1	2
1	5	2	6	4	3
3	6	4	5	2	1
5	2	6	1	3	4
4	1	3	2	5	6

第184题

4	2	5	3	1	6
6	1	3	4	2	5
3	6	2	5	4	1
5	4	1	6	3	2
2	3	6	1	5	4
1	5	4	2	6	3

第185题

2	5	6	1	3	4
4	1	3	2	5	6
6	3	2	4	1	5
5	4	1	3	6	2
3	2	5	6	4	1
1	6	4	5	2	3

第186题

3	4	6	1	5	2
1	5	2	4	3	6
6	2	4	5	1	3
5	1	3	6	2	4
2	6	5	3	4	1
4	3	1	2	6	5

第187题

5	3	1	6	4	2
2	4	6	5	1	3
1	6	2	3	5	4
3	5	4	2	6	1
6	1	3	4	2	5
4	2	5	1	3	6

第188题

4	2	1	3	6	5
5	3	6	4	1	2
3	6	2	1	5	4
1	4	5	2	3	6
6	1	4	5	2	3
2	5	3	6	4	1

第189题

6	3	2	5	1	4
5	4	1	6	3	2
1	2	3	4	5	6
4	5	6	1	2	3
3	1	4	2	6	5
2	6	5	3	4	1

第190题

4	5	6	2	3	1
3	1	2	6	5	4
5	6	4	1	2	3
1	2	3	5	4	6
6	4	5	3	1	2
2	3	1	4	6	5

第191题

5	3	2	1	6	4
6	4	1	3	2	5
4	2	3	6	5	1
1	5	6	2	4	3
2	1	5	4	3	6
3	6	4	5	1	2

第192题

1	5	4	6	2	3
6	3	2	5	1	4
4	2	1	3	6	5
3	6	5	2	4	1
2	1	3	4	5	6
5	4	6	1	3	2

第193题

2	1	4	3	5	6
5	3	6	1	4	2
3	4	2	6	1	5
6	5	1	2	3	4
1	6	5	4	2	3
4	2	3	5	6	1

第194题

4	3	5	1	6	2
1	2	6	4	3	5
3	4	2	5	1	6
5	6	1	2	4	3
2	1	3	6	5	4
6	5	4	3	2	1

第195题

3	1	5	2	6	4
2	6	4	3	5	1
1	4	6	5	2	3
5	2	3	1	4	6
6	3	2	4	1	5
4	5	1	6	3	2

第196题

4	3	2	5	6	1
6	1	5	2	3	4
5	6	1	3	4	2
2	4	3	6	1	5
3	5	4	1	2	6
1	2	6	4	5	3

第197题

4	5	3	1	2	6
6	2	1	3	5	4
3	6	5	2	4	1
1	4	2	6	3	5
5	3	6	4	1	2
2	1	4	5	6	3

第198题

3	4	5	6	1	2
1	2	6	4	5	3
5	3	2	1	6	4
6	1	4	2	3	5
2	6	3	5	4	1
4	5	1	3	2	6

第 199 题

2	5	6	1	4	3
4	1	3	2	6	5
5	3	4	6	1	2
6	2	1	5	3	4
1	4	5	3	2	6
3	6	2	4	5	1

第 200 题

1	3	6	4	2	5
5	2	4	1	3	6
2	6	5	3	4	1
4	1	3	6	5	2
6	4	2	5	1	3
3	5	1	2	6	4

第 201 题

2	6	5	1	4	3
4	3	1	6	5	2
6	1	2	4	3	5
3	5	4	2	1	6
5	4	6	3	2	1
1	2	3	5	6	4

第 202 题

1	4	5	3	6	2
2	6	3	4	5	1
5	2	4	6	1	3
3	1	6	5	2	4
4	5	1	2	3	6
6	3	2	1	4	5

第 203 题

3	6	5	2	1	4
1	4	2	6	5	3
5	1	6	3	4	2
4	2	3	5	6	1
6	3	1	4	2	5
2	5	4	1	3	6

第 204 题

5	2	4	1	6	3
3	1	6	4	5	2
1	5	2	3	4	6
4	6	3	2	1	5
6	3	1	5	2	4
2	4	5	6	3	1

第 205 题

3	4	2	5	1	6
5	6	1	2	3	4
2	3	6	1	4	5
4	1	5	3	6	2
6	2	3	4	5	1
1	5	4	6	2	3

第 206 题

2	6	4	5	3	1
3	5	1	4	6	2
6	1	3	2	4	5
5	4	2	6	1	3
1	2	6	3	5	4
4	3	5	1	2	6

第 207 题

1	3	6	2	4	5
4	5	2	3	6	1
3	1	5	4	2	6
6	2	4	1	5	3
2	6	3	5	1	4
5	4	1	6	3	2

第 208 题

2	4	5	1	6	3
3	1	6	5	2	4
4	6	2	3	1	5
5	3	1	6	4	2
6	5	4	2	3	1
1	2	3	4	5	6

第 209 题

5	3	6	4	1	2
1	2	4	5	6	3
3	4	2	1	5	6
6	1	5	2	3	4
2	6	1	3	4	5
4	5	3	6	2	1

第 210 题

4	6	1	3	2	5
5	3	2	6	4	1
6	4	5	2	1	3
2	1	3	5	6	4
1	5	6	4	3	2
3	2	4	1	5	6

第211题

2	6	5	3	1	4
3	1	4	2	5	6
1	4	3	5	6	2
6	5	2	4	3	1
5	2	6	1	4	3
4	3	1	6	2	5

第212题

3	1	2	4	6	5
6	5	4	1	2	3
5	2	3	6	1	4
4	6	1	3	5	2
1	4	5	2	3	6
2	3	6	5	4	1

第213题

4	5	2	1	6	3
6	1	3	4	2	5
5	3	1	6	4	2
2	6	4	3	5	1
1	2	6	5	3	4
3	4	5	2	1	6

第214题

3	2	6	1	4	5
4	5	1	2	3	6
6	3	2	4	5	1
1	4	5	6	2	3
2	6	3	5	1	4
5	1	4	3	6	2

第215题

5	6	4	2	1	3
3	1	2	6	4	5
2	5	1	4	3	6
4	3	6	1	5	2
6	4	5	3	2	1
1	2	3	5	6	4

第216题

6	1	4	2	5	3
5	3	2	1	4	6
4	5	1	6	3	2
3	2	6	4	1	5
1	6	5	3	2	4
2	4	3	5	6	1

第217题

5	4	6	1	3	2
3	1	2	5	6	4
2	6	3	4	5	1
4	5	1	6	2	3
1	2	5	3	4	6
6	3	4	2	1	5

第218题

3	1	4	5	2	6
5	6	2	1	4	3
6	2	5	4	3	1
4	3	1	2	6	5
1	4	3	6	5	2
2	5	6	3	1	4

第219题

6	4	2	5	3	1
3	1	5	6	4	2
4	6	1	3	2	5
5	2	3	4	1	6
1	3	6	2	5	4
2	5	4	1	6	3

第220题

4	6	1	5	3	2
3	2	5	1	6	4
5	3	2	6	4	1
6	1	4	3	2	5
1	4	6	2	5	3
2	5	3	4	1	6

第221题

5	1	9	3	4	2	6	7	8
6	3	7	9	8	1	4	5	2
4	8	2	7	5	6	3	9	1
7	5	3	1	2	4	9	8	6
2	9	6	8	3	5	1	4	7
8	4	1	6	7	9	5	2	3
1	6	4	2	9	8	7	3	5
3	2	5	4	6	7	8	1	9
9	7	8	5	1	3	2	6	4

第222题

1	8	9	2	4	5	6	3	7
4	6	7	9	1	3	8	2	5
5	2	3	6	7	8	4	9	1
2	5	6	8	3	7	1	4	9
9	7	8	4	2	1	3	5	6
3	4	1	5	9	6	7	8	2
6	9	5	7	8	4	2	1	3
7	1	4	3	5	2	9	6	8
8	3	2	1	6	9	5	7	4

第 223 题

5	4	9	6	7	8	3	2	1
7	8	1	4	3	2	5	6	9
2	6	3	5	9	1	7	4	8
6	1	7	8	5	3	4	9	2
3	9	4	2	1	7	8	5	6
8	5	2	9	4	6	1	7	3
1	7	6	3	2	5	9	8	4
9	2	5	1	8	4	6	3	7
4	3	8	7	6	9	2	1	5

第 224 题

7	3	9	6	4	1	5	8	2
6	2	5	9	3	8	1	4	7
8	1	4	2	7	5	3	9	6
3	7	1	5	6	9	8	2	4
2	5	8	4	1	7	9	6	3
4	9	6	8	2	3	7	1	5
9	8	2	3	5	4	6	7	1
1	6	3	7	9	2	4	5	8
5	4	7	1	8	6	2	3	9

第 225 题

4	2	8	1	3	9	7	5	6
3	5	7	8	6	4	9	2	1
1	6	9	7	5	2	3	8	4
5	9	4	2	1	3	6	7	8
6	7	1	4	8	5	2	9	3
2	8	3	6	9	7	4	1	5
7	1	6	9	4	8	5	3	2
9	4	5	3	2	1	8	6	7
8	3	2	5	7	6	1	4	9

第 226 题

9	6	7	8	1	3	5	4	2
5	1	3	4	6	2	7	9	8
2	8	4	9	5	7	3	6	1
6	5	2	7	4	1	8	3	9
4	3	1	6	9	8	2	7	5
7	9	8	2	3	5	6	1	4
1	7	5	3	8	4	9	2	6
8	2	6	1	7	9	4	5	3
3	4	9	5	2	6	1	8	7

第 227 题

4	6	2	1	9	8	3	5	7
1	7	3	2	5	4	9	6	8
9	5	8	6	3	7	2	1	4
2	8	5	3	4	6	7	9	1
3	9	6	7	8	1	4	2	5
7	1	4	9	2	5	8	3	6
8	4	9	5	6	2	1	7	3
6	2	1	4	7	3	5	8	9
5	3	7	8	1	9	6	4	2

第 228 题

7	2	9	3	8	4	1	6	5
6	8	4	2	5	1	3	9	7
1	5	3	9	7	6	8	4	2
3	6	1	4	9	2	7	5	8
8	9	2	5	3	7	4	1	6
4	7	5	6	1	8	9	2	3
5	1	8	7	2	9	6	3	4
2	4	7	1	6	3	5	8	9
9	3	6	8	4	5	2	7	1

第 229 题

8	4	2	1	6	9	7	5	3
6	1	7	4	5	3	8	9	2
5	3	9	7	8	2	1	6	4
3	5	8	6	7	4	9	2	1
9	7	1	2	3	5	4	8	6
2	6	4	8	9	1	3	7	5
7	8	5	3	4	6	2	1	9
4	2	6	9	1	7	5	3	8
1	9	3	5	2	8	6	4	7

第 230 题

6	5	3	8	4	9	1	2	7
4	8	1	7	3	2	9	5	6
7	2	9	1	6	5	8	3	4
8	6	4	2	9	3	7	1	5
1	9	5	4	7	8	3	6	2
3	7	2	5	1	6	4	8	9
5	3	8	9	2	7	6	4	1
2	4	7	6	8	1	5	9	3
9	1	6	3	5	4	2	7	8

第 231 题

1	8	4	3	7	6	2	5	9
7	9	6	1	5	2	4	8	3
5	2	3	4	9	8	7	1	6
8	3	1	2	6	9	5	4	7
2	4	7	5	8	3	6	9	1
6	5	9	7	4	1	8	3	2
3	1	5	8	2	7	9	6	4
9	7	8	6	1	4	3	2	5
4	6	2	9	3	5	1	7	8

第 232 题

7	9	5	6	1	3	2	4	8
2	6	1	8	4	7	5	9	3
3	8	4	5	2	9	1	6	7
6	7	2	4	3	8	9	1	5
1	3	8	9	6	5	7	2	4
4	5	9	2	7	1	8	3	6
9	1	7	3	5	6	4	8	2
5	2	6	1	8	4	3	7	9
8	4	3	7	9	2	6	5	1

第 233 题

1	2	7	5	4	3	9	8	6
3	4	5	9	6	8	1	2	7
6	8	9	7	1	2	5	4	3
7	6	4	3	8	9	2	1	5
2	9	1	6	7	5	4	3	8
8	5	3	1	2	4	6	7	9
5	1	6	4	3	7	8	9	2
9	3	2	8	5	1	7	6	4
4	7	8	2	9	6	3	5	1

第 234 题

5	6	4	2	1	9	8	3	7
3	1	7	8	5	6	4	2	9
8	9	2	3	4	7	6	1	5
9	8	5	6	2	4	3	7	1
4	2	3	7	8	1	5	9	6
6	7	1	5	9	3	2	8	4
2	3	9	1	6	5	7	4	8
7	4	6	9	3	8	1	5	2
1	5	8	4	7	2	9	6	3

第 235 题

5	3	6	9	7	1	8	2	4
8	2	7	3	4	5	1	6	9
1	9	4	8	6	2	3	5	7
7	5	1	6	2	3	9	4	8
9	6	2	7	8	4	5	3	1
3	4	8	1	5	9	2	7	6
2	7	3	4	1	8	6	9	5
6	8	5	2	9	7	4	1	3
4	1	9	5	3	6	7	8	2

第 236 题

3	6	9	4	2	1	7	5	8
1	4	2	7	5	8	3	6	9
5	7	8	3	6	9	4	2	1
4	1	7	2	8	3	5	9	6
9	2	6	5	7	4	8	1	3
8	5	3	1	9	6	2	7	4
6	9	5	8	3	7	1	4	2
2	3	4	6	1	5	9	8	7
7	8	1	9	4	2	6	3	5

第 237 题

5	7	1	8	6	9	4	3	2
3	4	6	1	7	2	8	9	5
8	2	9	3	5	4	7	1	6
2	9	7	5	3	1	6	4	8
1	6	3	7	4	8	2	5	9
4	8	5	9	2	6	3	7	1
7	5	8	6	9	3	1	2	4
6	3	2	4	1	5	9	8	7
9	1	4	2	8	7	5	6	3

第 238 题

5	8	9	1	2	6	7	4	3
6	2	3	4	9	7	1	5	8
4	1	7	8	3	5	9	6	2
9	7	5	6	8	4	3	2	1
8	6	4	3	1	2	5	7	9
1	3	2	5	7	9	6	8	4
2	5	1	9	6	8	4	3	7
7	9	6	2	4	3	8	1	5
3	4	8	7	5	1	2	9	6

第 239 题

2	8	3	9	6	4	7	5	1
7	1	6	2	3	5	4	9	8
9	4	5	7	8	1	2	6	3
8	9	1	3	7	2	5	4	6
3	7	4	5	1	6	9	8	2
5	6	2	4	9	8	1	3	7
6	2	9	1	5	3	8	7	4
1	3	7	8	4	9	6	2	5
4	5	8	6	2	7	3	1	9

第 240 题

5	7	4	2	1	3	8	6	9
6	1	8	9	4	5	3	7	2
3	9	2	8	6	7	5	1	4
7	8	5	4	2	6	9	3	1
9	4	3	1	7	8	6	2	5
1	2	6	3	5	9	7	4	8
2	6	7	5	8	1	4	9	3
8	3	1	6	9	4	2	5	7
4	5	9	7	3	2	1	8	6

第 241 题

3	8	4	2	7	9	6	5	1
1	7	2	6	5	4	9	8	3
5	6	9	8	3	1	4	7	2
4	9	6	1	8	3	7	2	5
2	3	5	4	9	7	8	1	6
8	1	7	5	6	2	3	9	4
7	5	1	9	4	6	2	3	8
6	2	3	7	1	8	5	4	9
9	4	8	3	2	5	1	6	7

第 242 题

1	2	4	9	7	6	8	3	5
7	6	8	3	1	5	2	9	4
5	9	3	4	8	2	6	1	7
6	7	1	5	3	4	9	2	8
8	3	2	7	9	1	5	4	6
4	5	9	2	6	8	1	7	3
9	1	5	6	4	7	3	8	2
3	4	6	8	2	9	7	5	1
2	8	7	1	5	3	4	6	9

第 243 题

2	7	1	3	9	5	8	4	6
9	6	4	8	2	7	3	1	5
5	8	3	1	6	4	2	7	9
8	2	6	7	4	3	9	5	1
1	9	7	2	5	8	6	3	4
3	4	5	6	1	9	7	2	8
4	3	9	5	7	6	1	8	2
6	1	8	4	3	2	5	9	7
7	5	2	9	8	1	4	6	3

第 244 题

2	5	9	8	6	4	1	3	7
4	7	3	5	2	1	8	6	9
8	6	1	3	9	7	4	2	5
6	3	4	9	7	2	5	8	1
5	9	2	1	8	3	6	7	4
7	1	8	4	5	6	3	9	2
9	4	5	7	3	8	2	1	6
1	8	6	2	4	9	7	5	3
3	2	7	6	1	5	9	4	8

第 245 题

5	2	1	7	8	6	3	9	4
3	4	6	9	2	1	7	5	8
7	8	9	3	4	5	1	2	6
2	7	3	5	1	8	4	6	9
9	5	8	4	6	3	2	7	1
1	6	4	2	7	9	5	8	3
8	3	5	1	9	7	6	4	2
6	1	2	8	5	4	9	3	7
4	9	7	6	3	2	8	1	5

第 246 题

6	3	8	2	4	7	9	5	1
5	4	9	3	6	1	2	8	7
2	7	1	5	9	8	4	3	6
1	9	7	4	8	5	3	6	2
8	2	6	1	3	9	5	7	4
4	5	3	6	7	2	8	1	9
7	6	4	9	5	3	1	2	8
9	1	5	8	2	6	7	4	3
3	8	2	7	1	4	6	9	5

第 247 题

1	5	6	4	7	9	2	8	3
8	7	4	6	3	2	1	5	9
3	9	2	8	5	1	4	7	6
9	1	7	2	8	6	3	4	5
4	6	3	7	9	5	8	1	2
5	2	8	1	4	3	9	6	7
2	8	1	3	6	7	5	9	4
7	3	9	5	1	4	6	2	8
6	4	5	9	2	8	7	3	1

第 248 题

4	6	7	3	8	1	2	5	9
2	8	9	7	5	4	1	6	3
3	5	1	9	6	2	7	4	8
1	4	8	2	7	9	6	3	5
5	3	2	4	1	6	8	9	7
9	7	6	8	3	5	4	1	2
6	9	3	1	2	7	5	8	4
8	2	5	6	4	3	9	7	1
7	1	4	5	9	8	3	2	6

第 249 题

9	1	5	4	2	6	3	8	7
8	7	6	5	3	1	9	4	2
3	4	2	9	8	7	6	5	1
7	8	9	3	1	5	4	2	6
2	3	1	6	9	4	8	7	5
5	6	4	8	7	2	1	9	3
1	9	3	2	5	8	7	6	4
6	2	8	7	4	3	5	1	9
4	5	7	1	6	9	2	3	8

第 250 题

3	9	1	4	6	7	8	5	2
5	6	4	8	1	2	3	9	7
2	8	7	9	3	5	1	4	6
6	1	9	3	2	4	7	8	5
7	2	8	1	5	9	6	3	4
4	3	5	6	7	8	9	2	1
1	4	3	2	8	6	5	7	9
9	7	6	5	4	3	2	1	8
8	5	2	7	9	1	4	6	3

第 251 题

2	7	8	9	4	5	1	6	3
6	1	5	2	7	3	9	8	4
9	3	4	8	6	1	7	5	2
4	2	6	7	8	9	5	3	1
5	9	3	6	1	2	8	4	7
1	8	7	3	5	4	2	9	6
8	4	9	1	2	6	3	7	5
7	5	2	4	3	8	6	1	9
3	6	1	5	9	7	4	2	8

第 252 题

4	3	6	5	2	9	8	1	7
2	8	1	3	7	6	4	9	5
9	7	5	8	1	4	3	2	6
8	1	9	6	4	2	5	7	3
6	2	7	1	3	5	9	4	8
3	5	4	7	9	8	2	6	1
7	4	8	2	6	3	1	5	9
1	9	3	4	5	7	6	8	2
5	6	2	9	8	1	7	3	4

第 253 题

6	5	3	7	2	1	4	9	8
9	1	7	8	4	3	6	5	2
8	4	2	6	9	5	7	3	1
7	8	5	9	3	4	1	2	6
1	6	4	2	5	8	9	7	3
3	2	9	1	6	7	5	8	4
4	3	6	5	7	2	8	1	9
2	7	1	4	8	9	3	6	5
5	9	8	3	1	6	2	4	7

第 254 题

1	2	6	9	7	5	8	3	4
3	9	8	4	2	6	1	7	5
7	5	4	8	3	1	6	2	9
5	8	3	7	4	9	2	1	6
2	6	7	5	1	8	9	4	3
9	4	1	2	6	3	5	8	7
4	1	9	3	5	2	7	6	8
6	3	5	1	8	7	4	9	2
8	7	2	6	9	4	3	5	1

第 255 题

4	7	6	8	9	2	5	1	3
2	5	9	7	3	1	4	6	8
1	3	8	5	6	4	2	7	9
8	4	2	1	5	9	6	3	7
9	6	7	2	8	3	1	5	4
5	1	3	4	7	6	8	9	2
7	8	1	9	2	5	3	4	6
3	2	4	6	1	7	9	8	5
6	9	5	3	4	8	7	2	1

第 256 题

1	2	8	5	9	7	6	4	3
5	4	3	2	1	6	7	8	9
6	9	7	3	4	8	5	2	1
9	7	4	1	3	2	8	6	5
3	6	2	7	8	5	9	1	4
8	5	1	9	6	4	2	3	7
7	1	9	6	2	3	4	5	8
4	3	6	8	5	9	1	7	2
2	8	5	4	7	1	3	9	6

第 257 题

3	9	8	2	7	6	1	4	5
1	5	6	3	8	4	2	9	7
4	2	7	5	1	9	3	6	8
7	1	4	9	6	5	8	2	3
8	3	5	4	2	1	9	7	6
9	6	2	7	3	8	5	1	4
2	7	9	8	4	3	6	5	1
5	8	1	6	9	7	4	3	2
6	4	3	1	5	2	7	8	9

第 258 题

2	5	9	6	1	4	7	3	8
1	7	6	8	3	5	4	9	2
3	4	8	2	9	7	6	5	1
7	3	1	5	6	9	2	8	4
9	6	4	7	2	8	5	1	3
8	2	5	3	4	1	9	7	6
4	1	3	9	7	2	8	6	5
6	8	7	4	5	3	1	2	9
5	9	2	1	8	6	3	4	7

第 259 题

6	9	5	8	7	1	2	3	4
4	7	2	6	5	3	1	8	9
8	3	1	9	4	2	6	7	5
3	5	8	1	6	7	4	9	2
2	6	7	4	8	9	3	5	1
9	1	4	2	3	5	8	6	7
1	4	3	5	9	6	7	2	8
7	2	9	3	1	8	5	4	6
5	8	6	7	2	4	9	1	3

第 260 题

9	8	3	1	2	4	7	5	6
4	5	6	3	7	9	2	8	1
1	2	7	5	6	8	9	4	3
5	9	2	4	8	1	3	6	7
3	7	8	6	9	5	4	1	2
6	1	4	7	3	2	8	9	5
7	3	9	8	5	6	1	2	4
2	6	1	9	4	7	5	3	8
8	4	5	2	1	3	6	7	9

第 261 题

6	8	7	2	9	3	1	5	4
2	5	4	8	1	6	3	7	9
1	9	3	4	7	5	2	6	8
5	7	8	1	3	4	6	9	2
3	2	6	7	5	9	4	8	1
9	4	1	6	8	2	5	3	7
4	1	9	5	6	7	8	2	3
7	6	2	3	4	8	9	1	5
8	3	5	9	2	1	7	4	6

第 262 题

8	2	7	6	4	1	9	3	5
9	5	1	7	3	2	8	6	4
4	6	3	9	5	8	7	1	2
3	7	4	2	8	9	1	5	6
5	8	2	4	1	6	3	7	9
6	1	9	3	7	5	4	2	8
1	3	5	8	2	4	6	9	7
2	9	8	1	6	7	5	4	3
7	4	6	5	9	3	2	8	1

第 263 题

5	2	4	9	8	6	1	7	3
9	7	1	3	5	4	8	2	6
8	3	6	1	2	7	5	9	4
7	8	2	6	4	3	9	5	1
4	1	9	5	7	8	3	6	2
3	6	5	2	9	1	7	4	8
1	5	8	4	6	9	2	3	7
2	4	7	8	3	5	6	1	9
6	9	3	7	1	2	4	8	5

第 264 题

3	6	4	1	2	9	5	7	8
8	1	2	5	7	3	6	9	4
9	7	5	4	8	6	1	3	2
2	8	9	3	1	7	4	6	5
6	5	1	9	4	8	3	2	7
7	4	3	2	6	5	9	8	1
1	3	8	6	5	2	7	4	9
5	9	7	8	3	4	2	1	6
4	2	6	7	9	1	8	5	3

第265题

5	9	3	6	7	4	1	2	8
1	6	2	3	5	8	7	9	4
4	7	8	9	2	1	3	5	6
3	2	5	8	9	7	6	4	1
6	8	1	5	4	2	9	3	7
7	4	9	1	6	3	5	8	2
2	5	7	4	3	6	8	1	9
9	1	4	7	8	5	2	6	3
8	3	6	2	1	9	4	7	5

第266题

2	7	1	8	9	6	4	5	3
4	3	6	7	5	2	1	8	9
8	5	9	4	3	1	7	2	6
1	8	5	2	6	9	3	7	4
3	9	7	5	4	8	6	1	2
6	4	2	3	1	7	8	9	5
7	2	4	9	8	3	5	6	1
5	1	8	6	2	4	9	3	7
9	6	3	1	7	5	2	4	8

第267题

2	8	4	7	1	3	9	6	5
7	9	6	8	5	2	3	1	4
3	1	5	6	9	4	7	2	8
5	2	3	1	7	8	6	4	9
6	7	1	2	4	9	5	8	3
8	4	9	5	3	6	1	7	2
9	5	7	4	8	1	2	3	6
4	3	2	9	6	7	8	5	1
1	6	8	3	2	5	4	9	7

第268题

2	1	9	3	4	6	7	5	8
7	3	5	9	1	8	2	6	4
8	6	4	5	2	7	3	1	9
6	4	7	8	5	9	1	2	3
1	2	8	4	6	3	5	9	7
9	5	3	2	7	1	8	4	6
5	8	2	7	9	4	6	3	1
4	7	1	6	3	5	9	8	2
3	9	6	1	8	2	4	7	5

第269题

8	2	9	4	5	3	7	1	6
5	7	1	2	9	6	8	4	3
6	3	4	8	1	7	5	2	9
1	8	3	9	4	2	6	5	7
2	9	7	1	6	5	3	8	4
4	5	6	3	7	8	2	9	1
3	1	5	6	2	4	9	7	8
9	6	2	7	8	1	4	3	5
7	4	8	5	3	9	1	6	2

第270题

9	1	2	6	7	3	8	5	4
8	6	3	9	5	4	1	2	7
4	7	5	1	8	2	9	6	3
3	4	7	8	2	9	5	1	6
5	2	6	7	4	1	3	9	8
1	9	8	3	6	5	7	4	2
2	8	4	5	9	7	6	3	1
7	3	9	2	1	6	4	8	5
6	5	1	4	3	8	2	7	9

第 271 题

4	1	9	5	7	3	6	8	2
3	2	5	6	8	9	4	7	1
6	8	7	2	4	1	3	5	9
8	3	4	7	2	6	9	1	5
2	9	6	4	1	5	7	3	8
7	5	1	9	3	8	2	4	6
1	4	3	8	6	2	5	9	7
5	6	8	3	9	7	1	2	4
9	7	2	1	5	4	8	6	3

第 272 题

9	8	4	1	2	5	6	3	7
2	5	3	9	6	7	4	1	8
1	6	7	4	8	3	2	9	5
4	9	8	2	3	1	7	5	6
7	1	6	5	4	9	8	2	3
3	2	5	8	7	6	1	4	9
5	4	2	6	9	8	3	7	1
8	3	1	7	5	4	9	6	2
6	7	9	3	1	2	5	8	4

第 273 题

6	5	7	3	9	8	2	4	1
1	3	9	7	2	4	6	8	5
8	4	2	5	6	1	9	3	7
5	9	6	2	3	7	8	1	4
4	2	3	1	8	9	5	7	6
7	8	1	6	4	5	3	9	2
2	7	8	4	5	3	1	6	9
9	1	5	8	7	6	4	2	3
3	6	4	9	1	2	7	5	8

第 274 题

1	8	3	7	6	9	5	2	4
5	7	2	4	8	1	3	6	9
6	4	9	5	2	3	7	8	1
4	1	7	6	3	2	9	5	8
3	6	5	8	9	7	4	1	2
2	9	8	1	5	4	6	3	7
9	5	1	3	4	8	2	7	6
7	2	6	9	1	5	8	4	3
8	3	4	2	7	6	1	9	5

第 275 题

9	8	3	7	2	6	1	5	4
6	4	2	1	9	5	8	3	7
5	7	1	3	8	4	6	2	9
7	3	8	9	5	1	4	6	2
4	1	5	2	6	3	7	9	8
2	6	9	4	7	8	5	1	3
3	2	4	5	1	7	9	8	6
1	9	6	8	4	2	3	7	5
8	5	7	6	3	9	2	4	1

第 276 题

1	7	9	2	3	5	4	8	6
3	4	6	9	8	1	5	7	2
8	2	5	7	6	4	3	9	1
7	3	1	5	9	6	2	4	8
2	6	8	1	4	7	9	3	5
9	5	4	3	2	8	1	6	7
6	9	3	8	1	2	7	5	4
5	8	2	4	7	9	6	1	3
4	1	7	6	5	3	8	2	9

第277题

1	6	2	7	8	5	4	3	9
8	9	7	1	4	3	6	2	5
5	3	4	9	2	6	7	8	1
2	4	1	3	6	7	9	5	8
9	7	5	4	1	8	3	6	2
3	8	6	2	5	9	1	7	4
6	5	9	8	7	1	2	4	3
4	1	8	6	3	2	5	9	7
7	2	3	5	9	4	8	1	6

第278题

8	6	1	4	9	5	7	2	3
2	9	5	3	7	1	6	8	4
7	3	4	2	8	6	9	5	1
9	5	8	1	3	2	4	7	6
6	7	3	5	4	8	2	1	9
4	1	2	7	6	9	8	3	5
5	4	7	9	2	3	1	6	8
3	8	9	6	1	7	5	4	2
1	2	6	8	5	4	3	9	7

第279题

8	6	7	5	2	9	1	4	3
5	2	3	1	8	4	7	6	9
9	4	1	6	3	7	5	2	8
1	9	8	4	6	5	2	3	7
6	3	5	9	7	2	8	1	4
2	7	4	3	1	8	9	5	6
4	8	9	2	5	6	3	7	1
7	1	2	8	4	3	6	9	5
3	5	6	7	9	1	4	8	2

第280题

7	5	1	3	6	8	2	4	9
4	2	6	9	1	7	8	3	5
9	3	8	5	4	2	7	1	6
5	9	4	2	8	6	3	7	1
3	1	7	4	9	5	6	2	8
8	6	2	1	7	3	9	5	4
2	8	5	6	3	1	4	9	7
1	7	9	8	2	4	5	6	3
6	4	3	7	5	9	1	8	2

第281题

7	3	6	4	2	8	9	1	5
4	8	9	1	6	5	2	3	7
1	5	2	7	3	9	6	8	4
9	6	5	8	1	4	7	2	3
3	2	7	9	5	6	8	4	1
8	1	4	2	7	3	5	9	6
5	9	8	6	4	1	3	7	2
6	7	1	3	8	2	4	5	9
2	4	3	5	9	7	1	6	8

第282题

4	6	7	8	2	1	3	5	9
8	1	9	3	5	4	2	6	7
5	2	3	7	6	9	4	8	1
9	7	8	6	1	3	5	4	2
1	3	2	4	9	5	8	7	6
6	5	4	2	8	7	1	9	3
7	4	5	9	3	2	6	1	8
3	9	6	1	4	8	7	2	5
2	8	1	5	7	6	9	3	4

第283题

6	9	4	7	8	2	1	3	5
1	8	2	3	9	5	6	7	4
3	7	5	1	6	4	9	8	2
5	3	6	2	4	1	8	9	7
2	4	9	8	3	7	5	6	1
8	1	7	9	5	6	4	2	3
7	6	1	5	2	9	3	4	8
4	5	3	6	7	8	2	1	9
9	2	8	4	1	3	7	5	6

第284题

5	4	1	8	3	7	9	2	6
6	3	9	2	5	4	8	7	1
2	8	7	9	6	1	4	3	5
7	2	4	6	1	3	5	8	9
8	5	6	7	9	2	3	1	4
1	9	3	5	4	8	7	6	2
3	6	2	4	7	9	1	5	8
4	7	5	1	8	6	2	9	3
9	1	8	3	2	5	6	4	7

第285题

7	1	5	6	9	3	4	2	8
9	6	2	4	5	8	3	1	7
4	3	8	2	1	7	5	6	9
3	9	6	1	8	5	7	4	2
8	2	1	7	4	9	6	3	5
5	4	7	3	6	2	8	9	1
6	5	4	8	2	1	9	7	3
2	7	9	5	3	4	1	8	6
1	8	3	9	7	6	2	5	4

第286题

5	3	7	9	4	8	6	2	1
9	6	8	1	2	5	3	7	4
2	4	1	7	6	3	5	8	9
4	8	2	3	9	6	7	1	5
1	7	5	4	8	2	9	3	6
6	9	3	5	1	7	2	4	8
3	1	9	2	5	4	8	6	7
8	2	4	6	7	9	1	5	3
7	5	6	8	3	1	4	9	2

第287题

7	2	5	6	8	4	3	9	1
4	3	8	7	1	9	2	6	5
9	6	1	5	3	2	4	7	8
1	7	2	3	5	6	9	8	4
6	8	4	1	9	7	5	3	2
3	5	9	2	4	8	7	1	6
5	1	7	8	2	3	6	4	9
2	4	3	9	6	1	8	5	7
8	9	6	4	7	5	1	2	3

第288题

1	4	2	6	7	5	3	8	9
7	9	5	4	8	3	6	1	2
6	8	3	1	9	2	4	5	7
9	5	4	8	1	7	2	6	3
8	2	6	9	3	4	1	7	5
3	7	1	2	5	6	8	9	4
2	3	7	5	6	1	9	4	8
5	6	9	3	4	8	7	2	1
4	1	8	7	2	9	5	3	6

第289题

1	3	7	4	9	2	8	6	5
6	4	9	5	1	8	3	2	7
5	2	8	3	7	6	9	4	1
7	1	5	9	8	4	6	3	2
3	6	4	2	5	1	7	8	9
8	9	2	6	3	7	1	5	4
2	8	3	1	4	9	5	7	6
4	7	1	8	6	5	2	9	3
9	5	6	7	2	3	4	1	8

第290题

8	6	4	5	9	2	3	1	7
1	2	3	6	8	7	5	9	4
5	9	7	4	3	1	2	8	6
7	4	2	1	5	3	8	6	9
3	1	6	9	4	8	7	5	2
9	5	8	7	2	6	1	4	3
2	8	9	3	6	5	4	7	1
6	3	1	8	7	4	9	2	5
4	7	5	2	1	9	6	3	8

第291题

7	2	1	5	3	6	4	8	9
6	3	5	9	8	4	7	1	2
4	9	8	1	2	7	5	6	3
3	8	9	7	4	5	6	2	1
2	4	6	3	1	8	9	5	7
1	5	7	2	6	9	3	4	8
5	1	4	8	9	3	2	7	6
9	7	2	6	5	1	8	3	4
8	6	3	4	7	2	1	9	5

第292题

8	3	5	2	9	1	7	6	4
9	1	7	6	4	8	3	2	5
6	2	4	7	5	3	9	1	8
5	4	2	3	8	7	6	9	1
3	8	1	9	6	2	5	4	7
7	6	9	5	1	4	8	3	2
1	5	6	8	2	9	4	7	3
4	9	3	1	7	5	2	8	6
2	7	8	4	3	6	1	5	9

第293题

6	7	2	4	8	1	9	5	3
3	8	5	9	2	6	7	4	1
9	4	1	3	7	5	6	2	8
5	3	7	6	9	8	4	1	2
1	6	8	7	4	2	3	9	5
2	9	4	5	1	3	8	6	7
8	5	3	2	6	4	1	7	9
4	1	9	8	5	7	2	3	6
7	2	6	1	3	9	5	8	4

第294题

9	8	4	2	5	7	1	3	6
5	3	2	1	6	4	8	7	9
7	1	6	9	8	3	5	2	4
2	9	3	4	7	5	6	1	8
6	5	1	8	3	2	9	4	7
8	4	7	6	9	1	3	5	2
4	7	9	3	1	6	2	8	5
1	6	5	7	2	8	4	9	3
3	2	8	5	4	9	7	6	1

数独练习题答案

第 295 题

1	6	7	9	5	4	3	2	8
3	5	4	2	8	6	1	7	9
8	9	2	3	7	1	6	5	4
2	8	1	6	9	3	5	4	7
4	7	9	8	1	5	2	3	6
6	3	5	7	4	2	9	8	1
5	4	6	1	3	8	7	9	2
9	2	8	5	6	7	4	1	3
7	1	3	4	2	9	8	6	5

第 296 题

1	5	4	9	7	6	2	3	8
9	7	6	8	2	3	1	5	4
8	2	3	1	5	4	6	9	7
6	3	1	2	4	5	8	7	9
5	4	9	7	1	8	3	6	2
7	8	2	6	3	9	4	1	5
3	1	5	4	9	2	7	8	6
4	9	8	3	6	7	5	2	1
2	6	7	5	8	1	9	4	3

第 297 题

3	7	1	6	9	2	4	8	5
8	5	2	1	7	4	3	9	6
4	6	9	8	5	3	1	7	2
9	3	6	4	2	7	8	5	1
5	4	8	3	1	9	2	6	7
1	2	7	5	8	6	9	3	4
6	1	5	9	4	8	7	2	3
7	8	4	2	3	5	6	1	9
2	9	3	7	6	1	5	4	8

第 298 题

8	3	4	6	1	9	2	5	7
6	2	5	7	8	3	4	9	1
9	7	1	4	2	5	8	6	3
5	1	7	3	6	8	9	4	2
3	6	2	9	7	4	1	8	5
4	9	8	2	5	1	7	3	6
1	8	6	5	4	7	3	2	9
7	5	3	8	9	2	6	1	4
2	4	9	1	3	6	5	7	8

第 299 题

2	4	8	5	6	3	9	7	1
1	6	7	9	4	2	8	5	3
5	9	3	7	8	1	6	2	4
8	1	4	3	9	7	2	6	5
7	2	6	1	5	4	3	9	8
9	3	5	6	2	8	4	1	7
3	5	2	8	1	9	7	4	6
4	8	1	2	7	6	5	3	9
6	7	9	4	3	5	1	8	2

第 300 题

5	8	2	3	6	9	4	1	7
6	9	7	8	4	1	5	3	2
1	3	4	2	5	7	6	8	9
3	4	9	5	1	6	2	7	8
2	6	1	4	7	8	3	9	5
7	5	8	9	3	2	1	6	4
4	7	5	6	8	3	9	2	1
8	2	3	1	9	4	7	5	6
9	1	6	7	2	5	8	4	3

第 301 题

7	5	1	8	9	4	2	3	6
6	8	9	1	3	2	7	5	4
2	4	3	7	5	6	1	8	9
8	1	5	6	7	9	4	2	3
4	7	2	3	8	5	9	6	1
3	9	6	2	4	1	8	7	5
1	6	4	5	2	7	3	9	8
5	2	8	9	1	3	6	4	7
9	3	7	4	6	8	5	1	2

第 302 题

2	3	1	6	9	4	7	8	5
7	8	9	5	2	1	4	3	6
5	4	6	3	7	8	9	1	2
8	9	5	4	1	6	2	7	3
3	6	2	8	5	7	1	9	4
4	1	7	9	3	2	6	5	8
6	7	8	1	4	3	5	2	9
1	5	4	2	8	9	3	6	7
9	2	3	7	6	5	8	4	1

第 303 题

2	8	4	6	9	1	5	7	3
3	7	1	4	5	2	6	8	9
6	5	9	7	3	8	4	2	1
8	2	3	1	4	5	7	9	6
9	1	5	2	6	7	8	3	4
7	4	6	3	8	9	2	1	5
4	9	2	8	1	6	3	5	7
1	3	8	5	7	4	9	6	2
5	6	7	9	2	3	1	4	8

第 304 题

4	8	5	3	7	1	9	6	2
6	9	7	2	5	4	1	8	3
1	3	2	9	6	8	7	4	5
3	2	8	6	1	5	4	9	7
5	1	9	4	3	7	6	2	8
7	6	4	8	2	9	3	5	1
9	5	3	7	4	2	8	1	6
2	4	6	1	8	3	5	7	9
8	7	1	5	9	6	2	3	4

第 305 题

7	4	6	3	5	8	2	1	9
8	9	1	7	4	2	3	5	6
2	3	5	6	1	9	8	4	7
1	7	3	9	8	4	6	2	5
6	2	4	5	7	1	9	3	8
5	8	9	2	3	6	1	7	4
4	5	8	1	6	3	7	9	2
9	1	7	8	2	5	4	6	3
3	6	2	4	9	7	5	8	1

第 306 题

6	5	2	7	4	9	8	1	3
4	3	7	1	5	8	9	6	2
9	1	8	2	3	6	4	5	7
8	6	4	3	9	7	1	2	5
7	9	5	8	2	1	3	4	6
3	2	1	5	6	4	7	9	8
1	7	6	9	8	2	5	3	4
2	8	3	4	1	5	6	7	9
5	4	9	6	7	3	2	8	1

第307题

2	4	1	5	8	3	7	9	6
6	7	5	2	1	9	4	3	8
3	9	8	7	6	4	5	1	2
5	2	3	1	7	6	9	8	4
4	1	7	8	9	2	3	6	5
8	6	9	4	3	5	1	2	7
1	8	2	9	4	7	6	5	3
7	5	6	3	2	1	8	4	9
9	3	4	6	5	8	2	7	1

第308题

7	9	5	6	1	4	8	3	2
3	4	6	7	8	2	9	1	5
8	1	2	5	9	3	6	4	7
9	8	7	3	4	6	5	2	1
1	5	3	2	7	9	4	6	8
2	6	4	1	5	8	3	7	9
6	7	8	4	2	5	1	9	3
4	2	9	8	3	1	7	5	6
5	3	1	9	6	7	2	8	4

第309题

5	7	4	2	8	3	9	6	1
6	3	2	1	9	4	7	5	8
1	8	9	7	5	6	3	2	4
7	2	6	8	3	1	5	4	9
3	5	8	4	2	9	1	7	6
9	4	1	6	7	5	8	3	2
4	6	3	9	1	7	2	8	5
8	9	5	3	4	2	6	1	7
2	1	7	5	6	8	4	9	3

第310题

8	1	7	6	9	4	2	3	5
5	6	9	8	2	3	1	4	7
2	3	4	5	7	1	9	6	8
6	9	1	7	3	8	5	2	4
3	4	5	9	1	2	7	8	6
7	2	8	4	5	6	3	9	1
1	8	3	2	6	5	4	7	9
9	5	6	3	4	7	8	1	2
4	7	2	1	8	9	6	5	3

第311题

4	6	8	5	9	1	3	7	2
1	9	5	7	3	2	6	8	4
7	2	3	4	6	8	1	9	5
2	7	4	8	5	6	9	1	3
3	8	6	9	1	4	5	2	7
5	1	9	3	2	7	8	4	6
6	4	1	2	8	5	7	3	9
9	5	2	1	7	3	4	6	8
8	3	7	6	4	9	2	5	1

第312题

2	5	7	1	8	6	9	3	4
1	9	3	4	7	2	5	6	8
6	4	8	3	5	9	7	2	1
9	8	4	2	3	5	6	1	7
5	2	6	7	4	1	8	9	3
3	7	1	9	6	8	2	4	5
8	3	5	6	2	4	1	7	9
4	6	9	8	1	7	3	5	2
7	1	2	5	9	3	4	8	6

第 313 题

3	8	1	9	2	6	7	4	5
9	2	5	4	7	8	6	3	1
7	4	6	3	5	1	8	2	9
4	5	8	2	6	7	9	1	3
2	1	7	8	3	9	4	5	6
6	9	3	5	1	4	2	8	7
5	3	9	7	8	2	1	6	4
1	7	2	6	4	3	5	9	8
8	6	4	1	9	5	3	7	2

第 314 题

6	3	2	5	9	7	1	8	4
8	7	5	2	4	1	6	3	9
9	4	1	8	6	3	7	2	5
5	8	7	6	1	4	2	9	3
4	9	6	3	7	2	8	5	1
2	1	3	9	5	8	4	7	6
1	5	4	7	2	9	3	6	8
7	6	8	1	3	5	9	4	2
3	2	9	4	8	6	5	1	7

第 315 题

8	1	7	3	2	5	9	6	4
5	9	3	4	1	6	7	2	8
6	4	2	9	8	7	5	3	1
7	3	4	8	6	9	2	1	5
2	6	1	5	7	3	8	4	9
9	8	5	1	4	2	3	7	6
1	7	9	6	3	8	4	5	2
3	5	6	2	9	4	1	8	7
4	2	8	7	5	1	6	9	3

第 316 题

7	4	2	1	9	8	3	5	6
9	5	8	3	4	6	7	2	1
3	6	1	5	7	2	9	4	8
6	3	5	9	2	7	1	8	4
4	8	7	6	1	5	2	9	3
1	2	9	8	3	4	5	6	7
2	9	3	4	8	1	6	7	5
8	7	6	2	5	3	4	1	9
5	1	4	7	6	9	8	3	2

第 317 题

3	4	7	5	8	6	2	1	9
9	8	5	2	4	1	6	3	7
1	6	2	3	7	9	5	8	4
2	7	3	1	5	4	9	6	8
5	9	6	8	2	7	1	4	3
4	1	8	9	6	3	7	2	5
6	5	4	7	3	2	8	9	1
7	3	1	6	9	8	4	5	2
8	2	9	4	1	5	3	7	6

第 318 题

1	7	4	6	5	3	2	9	8
9	3	5	7	2	8	6	1	4
2	8	6	4	9	1	7	3	5
4	5	3	9	8	2	1	7	6
6	1	8	3	4	7	5	2	9
7	2	9	1	6	5	8	4	3
5	9	7	2	3	6	4	8	1
8	4	1	5	7	9	3	6	2
3	6	2	8	1	4	9	5	7

第 319 题

6	4	1	2	7	8	5	3	9
3	7	8	5	1	9	6	2	4
2	9	5	3	6	4	1	7	8
7	3	6	9	8	1	4	5	2
4	5	9	6	2	3	8	1	7
1	8	2	4	5	7	9	6	3
5	6	3	8	4	2	7	9	1
9	1	4	7	3	6	2	8	5
8	2	7	1	9	5	3	4	6

第 320 题

9	4	7	6	8	2	5	1	3
5	1	6	7	9	3	8	2	4
3	2	8	5	4	1	6	9	7
7	6	5	8	2	4	9	3	1
8	9	4	3	1	6	2	7	5
1	3	2	9	7	5	4	8	6
6	5	1	2	3	8	7	4	9
4	8	9	1	6	7	3	5	2
2	7	3	4	5	9	1	6	8

第 321 题

5	6	9	4	2	7	1	3	8
4	8	2	3	1	9	6	5	7
1	3	7	6	5	8	2	4	9
9	5	3	1	7	2	4	8	6
2	1	4	8	3	6	9	7	5
6	7	8	9	4	5	3	2	1
7	4	1	5	9	3	8	6	2
3	2	6	7	8	1	5	9	4
8	9	5	2	6	4	7	1	3

第 322 题

4	9	7	1	5	2	8	6	3
8	1	2	7	6	3	5	9	4
5	3	6	8	4	9	7	1	2
3	5	8	2	7	6	9	4	1
1	6	9	5	8	4	3	2	7
7	2	4	3	9	1	6	8	5
2	7	1	6	3	8	4	5	9
9	8	3	4	2	5	1	7	6
6	4	5	9	1	7	2	3	8

第 323 题

2	5	3	8	4	7	6	1	9
1	4	9	3	2	6	8	7	5
6	7	8	9	5	1	2	3	4
8	2	4	5	1	3	9	6	7
7	9	1	2	6	4	5	8	3
5	3	6	7	9	8	1	4	2
9	1	7	6	3	2	4	5	8
3	6	5	4	8	9	7	2	1
4	8	2	1	7	5	3	9	6

第 324 题

9	4	2	5	1	6	3	7	8
3	6	8	9	7	2	4	5	1
5	1	7	3	8	4	6	9	2
6	7	5	1	2	3	8	4	9
2	3	9	8	4	7	1	6	5
4	8	1	6	5	9	7	2	3
7	5	6	2	3	8	9	1	4
8	2	4	7	9	1	5	3	6
1	9	3	4	6	5	2	8	7

第325题

3	8	9	5	1	2	4	7	6
2	4	1	7	6	9	3	5	8
5	6	7	8	4	3	1	2	9
7	5	3	4	8	1	9	6	2
4	2	6	9	7	5	8	1	3
9	1	8	2	3	6	5	4	7
8	7	5	6	9	4	2	3	1
1	9	2	3	5	7	6	8	4
6	3	4	1	2	8	7	9	5

第326题

4	7	2	6	8	1	9	5	3
5	8	9	2	3	7	1	4	6
6	1	3	4	9	5	7	8	2
1	2	4	5	7	3	6	9	8
9	6	5	8	1	2	3	7	4
7	3	8	9	6	4	5	2	1
3	9	1	7	2	8	4	6	5
8	4	7	1	5	6	2	3	9
2	5	6	3	4	9	8	1	7

第327题

4	8	7	3	9	5	1	2	6
5	1	2	7	6	4	9	3	8
9	6	3	2	1	8	7	4	5
3	2	8	5	7	9	6	1	4
6	4	5	1	8	3	2	9	7
7	9	1	4	2	6	8	5	3
2	3	9	8	4	7	5	6	1
1	7	4	6	5	2	3	8	9
8	5	6	9	3	1	4	7	2

第328题

5	1	4	6	8	7	2	3	9
6	3	8	9	5	2	7	4	1
9	2	7	3	4	1	5	6	8
2	7	3	8	9	4	1	5	6
8	6	1	5	2	3	9	7	4
4	9	5	7	1	6	3	8	2
3	8	2	4	7	9	6	1	5
1	5	6	2	3	8	4	9	7
7	4	9	1	6	5	8	2	3

第329题

5	1	7	8	2	4	3	9	6
8	6	3	9	5	7	2	4	1
4	2	9	1	6	3	5	7	8
9	8	5	2	3	1	4	6	7
1	7	2	4	9	6	8	3	5
6	3	4	5	7	8	9	1	2
3	4	1	7	8	2	6	5	9
7	5	8	6	4	9	1	2	3
2	9	6	3	1	5	7	8	4

第330题

9	7	5	6	4	3	1	2	8
8	1	3	5	2	9	7	4	6
6	2	4	7	8	1	9	5	3
5	4	2	8	9	6	3	1	7
7	9	8	1	3	4	2	6	5
1	3	6	2	7	5	4	8	9
4	8	9	3	5	2	6	7	1
3	6	7	4	1	8	5	9	2
2	5	1	9	6	7	8	3	4

第 331 题

2	5	7	8	9	4	1	6	3
4	1	3	6	5	2	8	7	9
6	8	9	3	1	7	4	2	5
9	3	4	1	7	5	6	8	2
1	6	2	9	4	8	3	5	7
5	7	8	2	6	3	9	1	4
7	4	6	5	3	1	2	9	8
8	9	5	4	2	6	7	3	1
3	2	1	7	8	9	5	4	6

第 332 题

8	3	1	7	2	6	4	9	5
5	9	7	3	1	4	8	2	6
6	4	2	9	8	5	7	1	3
7	2	9	6	3	1	5	4	8
4	1	5	8	7	9	3	6	2
3	6	8	5	4	2	1	7	9
2	8	4	1	9	3	6	5	7
1	7	6	2	5	8	9	3	4
9	5	3	4	6	7	2	8	1

第 333 题

6	5	4	1	3	2	8	7	9
8	2	7	9	5	6	4	3	1
3	1	9	8	7	4	6	2	5
7	6	8	4	9	1	2	5	3
2	3	5	7	6	8	1	9	4
4	9	1	3	2	5	7	8	6
5	7	6	2	1	9	3	4	8
9	4	2	6	8	3	5	1	7
1	8	3	5	4	7	9	6	2

第 334 题

5	2	1	8	6	7	9	3	4
7	8	9	4	5	3	6	1	2
6	3	4	2	9	1	8	5	7
4	5	6	1	2	8	3	7	9
8	1	7	3	4	9	5	2	6
2	9	3	5	7	6	1	4	8
3	7	5	9	8	4	2	6	1
9	6	2	7	1	5	4	8	3
1	4	8	6	3	2	7	9	5

第 335 题

4	1	5	8	3	7	9	2	6
6	9	7	4	5	2	8	3	1
8	2	3	9	6	1	7	4	5
7	6	2	3	1	8	4	5	9
1	4	8	2	9	5	6	7	3
5	3	9	7	4	6	1	8	2
9	8	6	5	2	4	3	1	7
3	5	4	1	7	9	2	6	8
2	7	1	6	8	3	5	9	4

第 336 题

5	2	4	1	3	8	9	6	7
7	9	8	4	6	5	1	2	3
3	1	6	9	2	7	8	4	5
9	4	5	2	8	6	3	7	1
8	7	1	3	9	4	2	5	6
2	6	3	5	7	1	4	9	8
1	8	9	7	5	2	6	3	4
6	3	7	8	4	9	5	1	2
4	5	2	6	1	3	7	8	9

第 337 题

6	4	5	3	7	8	9	1	2
1	3	2	5	4	9	8	7	6
7	9	8	2	1	6	4	5	3
5	7	6	4	9	1	2	3	8
9	2	1	6	8	3	5	4	7
4	8	3	7	5	2	6	9	1
8	5	7	1	6	4	3	2	9
2	6	4	9	3	7	1	8	5
3	1	9	8	2	5	7	6	4

第 338 题

8	1	3	6	4	7	5	2	9
6	7	9	5	3	2	4	1	8
4	5	2	9	1	8	7	6	3
2	6	8	3	5	9	1	4	7
5	3	1	7	8	4	6	9	2
9	4	7	1	2	6	3	8	5
1	2	5	4	9	3	8	7	6
7	9	4	8	6	5	2	3	1
3	8	6	2	7	1	9	5	4

第 339 题

6	1	7	4	8	2	3	9	5
8	9	4	7	5	3	6	2	1
2	3	5	1	9	6	8	7	4
9	7	3	2	1	5	4	6	8
1	5	6	8	7	4	9	3	2
4	2	8	6	3	9	1	5	7
5	4	9	3	2	1	7	8	6
7	6	2	9	4	8	5	1	3
3	8	1	5	6	7	2	4	9

第 340 题

1	2	6	5	8	9	3	7	4
9	5	8	3	7	4	1	6	2
4	7	3	1	2	6	5	8	9
6	1	5	2	4	7	9	3	8
3	8	4	9	6	5	2	1	7
7	9	2	8	1	3	6	4	5
5	3	1	7	9	8	4	2	6
8	6	9	4	3	2	7	5	1
2	4	7	6	5	1	8	9	3